MOSAÏQUE

LECTURES POUR DÉBUTANTS

MOSAÏQUE

LECTURES POUR DÉBUTANTS

MICHIO P. HAGIWARA
University of Michigan

JACQUELINE MORTON
Wayne State University

 D. VAN NOSTRAND COMPANY

New York Cincinnati Toronto London Melbourne

D. Van Nostrand Company Regional Offices:
New York   Cincinnati

D. Van Nostrand Company International Offices:
London   Toronto   Melbourne

Copyright © 1977 by Litton Educational Publishing, Inc.

Library of Congress Catalog Card Number 76-62960
ISBN: 0-442-23034-6

Published by D. Van Nostrand Company
450 West 33rd Street, New York, N.Y. 10001

10 9 8 7 6 5 4 3 2 1

PREFACE

Mosaïque: Lectures pour débutants is a reader for students who are at the early stages of learning French. The idea for the book originated during a workshop on the teaching of reading, and *Mosaïque* was specifically designed to develop reading skills. The material was class-tested in the beginning course at the University of Michigan (where it was introduced during the third week of the first semester) and has been modified according to experience gained through actual use. We wish to thank all the students for their patience and participation during class-testing and their instructors, Mary Grenke, Dan Gross, Joe Hansen, Don Hindsley, Jann Huizenga, and Stan McCray, for their helpful comments. Special thanks are due Arlene Malinowski, who not only provided us with detailed and informative feedback from her class but also read the manuscript and gave us additional suggestions.

M.P.H.
J.M.

TABLE DES MATIÈRES

INTRODUCTION

It is generally recognized that reading proficiency in a foreign language increases more rapidly than listening, speaking, or writing proficiency. Students are often able to read materials of intellectual maturity which they are unable to discuss orally or in writing. We believe this is a natural learning process for a language like French, which preserves clear word boundaries in its written form and has numerous cognates in English.

Our aim in *Mosaïque* is to develop at an early level the ability to read French by providing interesting reading materials even before students have learned the conjugation of regular verbs in the present tense. We hope to open avenues for the discussion of many aspects of contemporary French culture and civilization which receive only general and superficial attention in basic texts. Most important, we offer the specific apparatus that will enable students to increase their passive vocabulary and thus read French with a high degree of direct comprehension.

The materials are carefully graded. The reading passages become longer and their linguistic complexity increases progressively. They are also presented in varied forms: straightforward expository prose, dialogs, interviews, a monolog, a letter, a diary, and a panel discussion. Chapter vocabularies list new words first in the exact forms in which they occur, then in dictionary form; finally, glossing in French begins to take over. Questions and many other exercises based on the reading passages are also of increasing difficulty.

The following is a description of the major components of *Mosaïque,* along with teaching procedures.

PRELIMINARY STUDY

The main purpose of this section is to introduce the concept of cognates and the use of interrogative adjectives, adverbs, and pronouns. The recognition of cognates is an important step in expanding passive vocabulary. All the French words should be read aloud with acceptable pronunciation, and students should be encouraged to review the list from time to time until they have become thoroughly familiar with the various suffixes and their spellings. The use of interrogative expressions is very important for the analysis and discussion of any reading material. Students need to recognize what these expressions stand for and what types of answers they elicit. The remainder of this section indicates those elements necessary for reading the first chapter. It also offers study hints, which the instructor should explain to students, using the first chapter as an example. During class-testing, the average time required to cover the entire section ranged from 25 to 35 minutes.

PRÉPARATION À LA LECTURE

Each chapter begins with a brief discussion of the main structural points and of the idiomatic expressions occurring in the text. In order to facilitate maximum use of French in class, the structural explanations are given in simple French with as many cognates as possible. The explanations are not intended to be comprehensive. Rather, they are limited to *passive* use, that is, to what students should be able to identify in reading and utilize in the exercises. We have assumed that *active* use of important morphological and syntactic points is taught through the practice materials normally found in basic texts. *Mosaïque* may introduce certain structural items before they are presented by the grammar text. We see no conflict between these presentations since our book gives structures for passive recognition only. In fact, during class-testing we observed that the anticipation of certain structures before they were introduced by the basic text actually helped reinforce them and reduced the time for explanations and practice.

Before assigning the remainder of the chapter as homework, the instructor will need to go over the *Préparation* and make sure that students understand all the points. If translations are used in tests, phrases from *Expressions à retenir* might be included. The end vocabulary not only lists all the words and phrases found in the *Préparation* but also gives references to the chapters in which they occur.

TEXT

The basic procedure for studying the reading passages before the class meeting is suggested under *Preliminary Study*. All the cognates are followed by an asterisk and false cognates by a dagger, so that students can determine if look-alike English words have or do not have the same meaning in both languages. In class, the instructor reads a passage while students listen. Students may be asked to repeat. Alternatively, the instructor may call on students to read a few sentences and correct their pronunciation. At the end of every paragraph, or at any convenient point, questions about the facts, inferred information, vocabulary, and grammar should be asked, including those found in Exercise A *(Répondez aux questions)*.

The main purpose of the *Notes* is to explain the new words and expressions, excluding cognates followed by an asterisk. We have not adopted the device of marginal or "visible" glosses for an important reason: we wish to encourage students to infer the meanings of new words and phrases from contextual clues rather than tempt them to look for the meanings in the margin.

QUESTIONS

As mentioned above, these questions should be asked as each segment of the text is studied in class, rather than when the entire chapter has been covered. Early chapters contain many factual questions that can be answered by lifting a phrase or sentence directly from the text. Later chapters contain inferential or analytical questions where students are expected to give their interpretation or impression.

TRUE-FALSE STATEMENTS

Like the questions, these statements are intended to check comprehension of the text. In the first few chapters, some of the statements correlate closely with the answers to the questions about the text in order to reinforce important words and phrases. The statements should be read with books closed and after the entire text has been covered in class so that students' aural skills as well as retention of information from their reading can also be evaluated.

EXERCICES DE LEXIQUE

These exercises, specifically designed to increase vocabulary, can be covered in class in a relatively short time. The exercise on derivational morphology *(Cherchez dans le texte les mots indiqués)* may not be familiar to many students, but they will know what to do after the first chapter.

OTHER EXERCISES

There are also a number of exercises in each chapter designed either to check students' retention of key vocabulary items or to encourage them to make use of some of the expressions in the text in directed conversations. Written answers to these exercises should be prepared outside of class so that a minimal amount of time is spent in eliciting appropriate responses.

During class testing, the first seven chapters ranged 20–30 minutes each and the last seven chapters approximately 25–40 minutes each for completion. These times do not include the few minutes spent in class going over *Préparation à la lecture* before the rest of the chapter was assigned for homework.

MOSAÏQUE

LECTURES POUR DÉBUTANTS

PRELIMINARY STUDY

1. Cognates

You have probably noticed that many French words look like English words and have the same meanings: for example, **table, lampe, classe, exercice,** and **dialogue.** Words that have similar spellings in two languages and have common derivations are called cognates. Middle English incorporated numerous words from French: after the Battle of Hastings (1066), the Norman French ruled England and the Norman dialect of French became the language of the upper class for nearly two centuries. During this period, other French words, many pertaining to food, law, church, government, and the military were incorporated into English; some examples are **porc** (*pork*), **bœuf** (*beef*), **mouton** (*mutton*), **veau** (*veal*), **juge** (*judge*), **dommage** (*damage*), **clerc** (*clerk*), **duc** (*duke*), **souverain** (*sovereign*), **maire** (*mayor*), **soldat** (*soldier*), and **armée** (*army*). English was spoken mostly among the humbler classes until the latter part of the thirteenth century.

In addition, a large number of modern scientific terms, derived from Latin and Greek, are shared by English and French, as well as by many other languages. You will have no problem in recognizing such words as **téléphone, télévision, automobile, oxygène, zoologie, astronomie,** and so on.

However, there are a number of words in English and French that are similar in appearance but not in meaning. They are called false, or deceptive, cognates (in French, **faux amis** or *false friends*). For example, **lecture** in French means *reading* and not *lecture,* **demander** means *to ask for* and not *to demand,* **attendre** means *to wait for* and not *to attend,* **assister à** means *to attend,* and not *to help,* and so forth.

By learning to recognize cognates, you will expand your reading vocabulary many times over. In the reading passages that follow, all cognates will be identified by an asterisk (*) the first and second time they appear. False cognates will be identified by a dagger (†).

HOW TO RECOGNIZE COGNATES

1. At the beginning of a word

    dé-/dés- → *dis-* (sometimes *de-*)

décourager (to discourage)	**désordre** (disorder)
désarmer (to disarm)	**déformer** (to deform)

    é-/es- → *s-* (sometimes *ex-*)

état (state)	**échange** (exchange)
étrange (strange)	**étendre** (to extend)

2. In the middle of a word

    -ai- → *-ea-*

clair (clear)	**aigle** (eagle)
raison (reason)	**traiter** (to treat)

    -on- → oun

fontaine (fountain)	**annoncer** (to announce)
profond (profound, deep)	**renoncer** (to renounce)

    (circumflex) → *-s-*

hôpital (hospital)	**forêt** (forest)
tempête (tempest, storm)	**île** (island)

3. At the end of a word (suffixes)

    a) Noun endings

    -ence/-ance → *-ence/-ency/-ance*

innocence (innocence)	**correspondance** (correspondence)
agence (agency)	**tendance** (tendency)

    -eur → *-or*

honneur (honor)	**moteur** (motor)
professeur (professor)	**intérieur** (interior)

    -ie → *-y*

géographie (geography)	**monarchie** (monarchy)
académie (academy)	**mélodie** (melody)

    -isme → *-ism*

patriotisme (patriotism)	**classicisme** (classicism)
réalisme (realism)	**socialisme** (socialism)

-ment → *-ment*

gouvernement (government)   **développement** (development)
monument (monument)   **jugement** (judgment)

-sion / -tion → *-sion/-tion*

nation (nation)   **discussion** (discussion)
correction (correction)   **décision** (decision)

-ture → *-ture*
architecture (architecture)   **législature** (legislature)

-té → *-ty*

liberté (liberty)   **rapidité** (rapidity, speed)
beauté (beauty)   **brutalité** (brutality)

b)   Adjective endings

-able/-ible → *-able/-ible*

probable (probable)   **possible** (possible)
adorable (adorable)   **visible** (visible)

-if (*fem.* **-ive**) → *-ive*

attentif (attentive)   **affirmatif** (affirmative)
relatif (relative)   **administratif** (administrative)

-el/-al (*fem.* **-elle/-ale**) → *-al*

naturel (natural)   **national** (national)
éternel (eternal)   **social** (social)

-eux (*fem.* **-euse**) → *-ous*

dangereux (dangerous)   **fameux** (famous)
religieux (religious)   **curieux** (curious)

c)   Noun and Adjective endings

-ain (*fem.* **-aine**) → *-an*

romain (Roman)   **américain** (American)
africain (African)   **humain** (human)

-aire → *-ary*

commentaire (commentary)   **contraire** (contrary)
dictionnaire (dictionary)   **militaire** (military)

-ien (*fem.* **-ienne**) → *-ian*

canadien (Canadian)   **historien** (historian)
italien (Italian)   **magicien** (magician)

-ique → *-ic/-ical*

république (republic)	**démocratique** (democratic)
musique (music)	**ironique** (ironical)

-iste → *-ist/-istic*

réaliste (realist, realistic)	**journaliste** (journalist, journalistic)
socialiste (socialist, socialistic)	**idéaliste** (idealist, idealistic)

d)   Verb (infinitive) endings

-er → *-e/-ate/*no ending

amuser (to amuse)	**indiquer** (to indicate)
admirer (to admire)	**accepter** (to accept)
célébrer (to celebrate)	**calmer** (to calm)

-ier → *-y*

vérifier (to verify)	**amplifier** (to amplify)
défier (to defy)	**multiplier** (to multiply)

-ir → *-ish*

punir (to punish)	**accomplir** (to accomplish)
finir (to finish)	**banir** (to banish)

iser → *-ize*

civiliser (to civilize)	**organiser** (to organize)
analyser (to analyze)	**familiariser** (to familiarize)

EXERCISE

Read each word aloud, and then give its English equivalent.

discussion	économique	indiquer
nation	important	polir
nature	administratif	analyser
dictionnaire	national	purifier
silence	fameux	négocier
étable	brutal	séparer
saison	constant	mentionner
hôte	atomique	gouverner
pâture	idéaliste	finir
cérémonie	religieux	commencer
hexagone	fertile	voter

2. Question Words

Question words are important not only in conversations but also in the discussion of reading passages. You will need to recognize the following expressions, which will occur often in the questions accompanying each text.

1. **Qui** (for people) and **qu'est-ce qui** (for things) ask for the subject of a sentence.

   Jacqueline est à Paris.
   → **Qui** est à Paris? *Who is in Paris?*

   Le livre est sur la table.
   → **Qu'est-ce qui** est sur la table? *What is on the table?*

2. **Qui est-ce que** or **qui** + **inversion** (for people) and **qu'est-ce que** or **que** + **inversion** (for things) ask for the direct object of a sentence. (A direct object is a noun that usually follows the verb directly and receives the action of the verb.)

   Elle déteste **Jean-Paul.**
   → **Qui est-ce qu'**elle déteste?
   → **Qui** déteste-t-elle? *Who(m) does she dislike?*

   Elle déteste **l'histoire.**
   → **Qu'est-ce qu'**elle déteste?
   → **Que** déteste-t-elle? *What does she dislike?*

3. **Préposition + qui** (for people) and **préposition + quoi** (for things) ask for the object of a preposition. (The object of a preposition is a noun preceded by a preposition.)

   Elle parle **à Marie.**
   → **A qui est-ce qu'**elle parle?
   → **A qui** parle-t-elle? *Whom does she talk to?*

   Elle parle **de Paris.**
   → **De quoi est-ce qu'**elle parle?
   → **De quoi** parle-t-elle? *What is she talking about?*

4. **Quel, quelle, quels,** and **quelles** are adjectives that ask *which* or *what*. They agree in gender (masculine/feminine) and number (singular/plural) with the noun they modify. The interrogative adjective asks for adjectives of any kind or adjectival phrases and clauses.

   Elle cherche **son** livre.
   Elle cherche le livre **de Jacques.**

Elle cherche le livre **qui est sur la table.**
→ **Quel** livre cherche-t-elle?   *What (which) book is she looking for?*

5.   **Où** asks for expressions of place.

Elle est **à Paris.**
→ **Où** est-elle?   *Where is she?*

Quand asks for expressions of time.

Elle arrive **à midi.**
→ **Quand** arrive-t-elle?   *When does she arrive?*

Comment asks for expressions of manner.

Elle parle **bien** francais.
→ **Comment** parle-t-elle français?   *How well does she speak French?*

Pourquoi asks for expressions of cause, and the answer begins with **parce que:**

Pourquoi mange-t-elle?   *Why is she eating?*
Parce qu'elle a faim.   *Because she is hungry.*

* **Combien de** asks for expressions of quantity.

Elle a **deux** enfants.
→ **Combien d'**enfants a-t-elle?   *How many children does she have?*

EXERCISE

Read the passage and answer the questions.

Jacqueline est dans sa chambre. Elle n'est pas en classe parce qu'elle est malade. Elle regarde la télévision. Le programme n'est pas très intéressant. Après le déjeuner, elle téléphone à son ami Robert. Elle parle de son voyage à Paris.

1.   Où est Jacqueline?
2.   Pourquoi n'est-elle pas en classe?
3.   Qui est malade?
4.   Qu'est-ce qu'elle regarde?
5.   Qu'est-ce qui n'est pas intéressant?
6.   Comment est le programme?
7.   Quand Jacqueline téléphone-t-elle à Robert?
8.   A qui téléphone-t-elle?

9. De quoi parle-t-elle?
10. De quel voyage parle-t-elle?

3. Vocabulary

1. You should know the following vocabulary items before beginning Chapter 1:

Subject pronouns

je, tu, il, elle, on, nous, vous, ils, elles

Verbs

avoir, être

Articles

un, une, des, le, la, l', les

Numbers

from **un** to **cent**

Prepositions

de, à

Others

oui, non, très, bien, et, ou, mais, ne... pas, est-ce que, *inversion for questions*

2. Chapter-by-chapter glossing: New words in Chapters 1–4 will be listed in the exact forms in which they appear in the reading; in Chapters 5–8 they will be listed as they would appear in a dictionary; after Chapter 8, an increasing number of words will be defined in French.

4. Study Hints

Direct comprehension, or the understanding of French sentences without translating them into English, is the goal of reading insofar as language skills are concerned. This goal can be achieved only if you proceed with reading in a systematic way. We suggest the following method:

1. Go over the *Préparation à la lecture* at least a day before you do your reading. This will give you enough time to ask your instructor questions about any item you do not understand.
2. Go over the text once for its general meaning, marking all the words you do not know.
3. Go over it again, looking up the meaning of the words you have marked. First, however, try to guess the meaning from the context and the grammatical clues (is it a noun, an adjective, or a verb?). If you need to write down the meaning of a word, write it in the margin and underline the word in the text. If there are any phrases you do not understand despite all efforts, underline them or put a vertical line in the margin, at least guess their possible meaning, and ask your instructor to explain them when the reading is covered in class.
4. Prepare answers to all the exercises. Refer back to the text when necessary.
5. Read the entire text again and make sure you understand everything except the phrases you are planning to ask your instructor to explain.
6. For a review of the text, concentrate on the words and phrases you have marked as suggested under (3) as well as all the exercises done in class.

PREMIER CHAPITRE

PRÉPARATION À LA LECTURE

■1. **Le comparatif de l'adjectif**[1]

Elle est aussi laide que le péché *she is as ugly as sin.*

Pour former le comparatif de l'adjectif, on ajoute (*adds*) **plus** (*more*) avant l'adjectif et **que** (*than*) après l'adjectif:

La France est grande.
France is large.

La France est **plus grande que** la Californie.
France is larger (lit. *more large*) *than California.*

Elle est moins (less) *intelligente que Pierre.*

2. Verbes du premier groupe

L'INFINITIF	LA FORME **il**	LA FORME **ils**	LE PARTICIPE PASSÉ
parler (*to speak*)	parle (*speaks*)	parlent (*speak*)	parlé (*spoken*)
séparer (*to separate*)	sépare	séparent	séparé
indiquer (*to indicate*)	indique	indiquent	indiqué
mesurer (*to measure*)	mesure	mesurent	mesuré

3. Quelques noms géographiques

l'Afrique	*Africa*
l'Allemagne	*Germany*
les Alpes	*the Alps*
la Belgique	*Belgium*
l'Espagne	*Spain*
les États-Unis	*the United States*
la Grande Bretagne	*Great Britain*

1. Sections in *Préparation à la lecture* preceded by squares will be italicized in the text.

l'Italie	*Italy*
la Manche	*the Channel*
la Méditerranée	*the Mediterranean*
le Rhin	*the Rhine*
la Suisse	*Switzerland*

4. La direction

nord

nord-ouest   nord-est

ouest   est

sud-ouest   sud-est

sud

■5. Quelques prépositions

avec   *with*

La frontière facilite le commerce **avec** la Belgique.

dans   *in*

Le climat est rigoureux **dans** les montagnes.

en   *in*

Un train traverse la France **en** dix heures.

entre   *between*

C'est la frontière **entre** la France et l'Espagne.

par   *by*

Les frontières sont marquées **par** la nature.

pendant   *during*

La température varie peu **pendant** l'année.

pour   *for*

La Garonne a un cours trop rapide **pour** la navigation.

sur   *on*

La France a des frontières maritimes **sur** trois côtés.

vers   *toward*

Le climat est rigoureux **vers** l'intérieur du pays.

La France: Montagnes et fleuves principaux.

■6. Expressions à retenir

il y a (invariable) *there is, there are*
Il y a les Alpes entre la France et l'Italie.

grâce à *thanks to*
L'agriculture est très importante grâce à un climat tempéré et un sol fertile.

France, où es-tu?

La France est un pays situé* à la pointe ouest de l'Europe. Elle a six côtés, donc elle a la forme* d'un hexagone.* La France est *plus* grande *que* la Californie et *plus* petite *que* le Texas. Elle mesure* approximativement 1.000 (mille) kilomètres* du nord au
5   sud, et 1.000 kilomètres de l'est à l'ouest. Un train* rapide* traverse la France *en* dix heures, un avion *en* une heure.

Les frontières* de la France sont *en* grande partie marquées* *par* la nature*: ce sont des frontières naturelles.* Au nord-est seulement la France a une frontière artificielle.* Sur trois côtés,
10   elle a des frontières maritimes*: la mer du Nord et la Manche au nord-ouest séparent* la France de la Grande Bretagne; à l'ouest il y a l'océan* Atlantique; la mer Méditerranée au sud-est est *entre* la France et l'Afrique du Nord. La France a des frontières terrestres *sur* trois côtés: une frontière artificielle dans les plaines*
15   du nord facilite* le commerce* *avec* la Belgique, l'Allemagne et le reste* de l'Europe; à l'est, le Rhin, un fleuve très important* de l'Europe, les Vosges et le Jura, deux chaînes de montagnes d'altitude* moyenne, indiquent* la frontière *entre* la France, le sud de l'Allemagne et la Suisse; les Alpes, une chaîne de très
20   hautes montagnes, séparent la France de l'Italie. Finalement, au sud-ouest, *il y a* les Pyrénées, une chaîne de hautes montagnes *entre* la France et l'Espagne.

Des fleuves de longueur moyenne arrosent l'intérieur* du pays. La Seine est calme* et navigable.* Le Rhône, la Loire et la
25   Garonne ont un cours trop rapide *pour* la navigation.* Le Massif Central est un vaste* plateau* au centre* de la France. Cette entité* géographique,* composée* de montagnes et de vallées,* couvre* un cinquième de la superficie du pays.

30   Située à égale distance* du Pôle* et de l'Équateur,* la France bénéficie d'un climat* tempéré. La température* varie* relativement peu *pendant* l'année. *Vers* l'intérieur du pays, les hivers sont *plus* froids et les étés *plus* chauds. Au sud-est, la Méditerranée offre* des hivers doux et pluvieux, des étés chauds et secs. *Dans* les montagnes, le climat est rigoureux* et les hivers sont longs.*

35   *Grâce à* un climat tempéré, un sol fertile* et relativement plat, l'agriculture* est une des grandes ressources* économiques* de la France.

NOTES

The numbers refer to the lines in the text. In Chapters 1–4 the words will be listed in the exact forms in which they occur in the text.

1. **pays** country; **pointe** tip. 2. **côtés** sides; **donc** so, therefore.
3. **grande** large; **petite** small. 4. **approximativement** approximately.
6. **traverse** crosses; **heures** hours; **avion** airplane. 7. **en grande partie** for the most part. 9. **seulement** only. 10. **mer** sea.
14. **terrestres** terrestrial, land-connected. 16. **fleuve** river.
17. **montagnes** mountains. 18. **moyenne** average, medium. 20. **hautes** high; **finalement** finally. 23. **longueur** length; **arrosent** water (*verb*).
25. **cours** flow; **trop rapide** too fast. 26. **cette** this. 28. **un cinquième** one-fifth; **superficie** surface. 29. **égale** equal.
30. **bénéficie** benfits; **tempéré** mild; **relativement** relatively.
31. **peu** little; **année** year; **hivers** winters. 32. **froids** cold; **étés** summers; **chauds** hot. 33. **doux** mild; **pluvieux** rainy; **secs** dry.
35. **sol** soil; **plat** flat. *soleil sun*

EXERCICES

A. *Répondez aux questions suivantes.*

1. Est-ce que la France est plus grande que le Texas?
2. Combien mesure la France du nord au sud?
3. Qu'est-ce qui traverse la France en une heure?
4. Qu'est-ce qui indique la frontière entre la France, le sud de l'Allemagne et la Suisse?
5. Qu'est-ce qui sépare la France et l'Espagne?
6. Comment est la Seine?

Les Alpes françaises—
le climat est rigoureux et les
hivers sont longs.

Sur la côte méditerranéenne,
le climat est doux et on
trouve une végétation tropicale.

7. Qu'est-ce qui couvre un cinquième de la superficie de la France?
8. Comment est le climat de la France?
9. Comment est le climat vers l'intérieur de la France?
10. Comment est le sol en France?

B. *Indiquez si les commentaires suivants sont vrais ou faux.*

1. La Californie est plus petite que la France.
2. Un train rapide traverse la France en une heure.
3. La France a des frontières maritimes et terrestres.
4. Les Alpes séparent la France de l'Espagne.
5. Le Massif Central est un plateau situé au centre de la France.
6. La Seine a un cours trop rapide pour la navigation.
7. Grâce à la Méditerranée, les étés sont doux et pluvieux au sud-est de la France.
8. La température ne varie pas trop en France pendant l'année.

C. *Exercices de lexique.*

1. Trouvez dans le texte l'antonyme des mots suivants.

ouest	naturelle
sud	petite
pluvieux	hiver
froid	nord-est

2. Cherchez dans le texte les mots indiqués.

variation	→ (*verbe*)	rapidité	→ (*adjectif*)
indication	→ (*verbe*)	longueur	→ (*adjectif*)
séparation	→ (*verbe*)	économie	→ (*adjectif*)
haut	→ (*nom*)	rigueur	→ (*adjectif*)

3. Trouvez le mot qui n'appartient pas à chaque série.

   mer—montagne—hiver—fleuve—océan
   sec—chaud—doux—côté—froid
   plaine—pointe—vallée—plateau—montagne
   la Seine—le Rhin—la Loire—le Rhône—la Manche
   la Garonne—l'Allemagne—la France—l'Espagne—
   la Belgique
   les Pyrénées—les Alpes—le Jura—le Rhin—
   le Massif Central

D. *Structures: Choisissez, a, b, ou c pour compléter les phrases suivantes.*

1. (*ligne 12*) Le mot **entre** est
    a) une préposition.
    b) un verbe.
    c) un nom.

2. (*ligne 15*) Le sujet du verbe **facilite** est
    a) la France.
    b) une frontière.
    c) les plaines.

3. (*ligne 18*) Le sujet du verbe **indiquent** est
    a) l'est et le Jura.
    b) une chaîne de montagnes.
    c) le Rhin, les Vosges et le Jura.

4. (*ligne 29*) Le mot **située** modifie
    a) le Pôle.
    b) un climat.
    c) la France.

E. *Complétez le paragraphe suivant en utilisant le vocabulaire du texte.*

Un avion _____ les États-Unis de l'est à l'ouest, en _____ heures. Les États-Unis ont des frontières naturelles et _____. Une frontière _____ sépare les États-Unis du Canada. Des grands _____ arrosent _____ des États-Unis. L'agriculture est une des grandes _____ du pays. La Floride est un état situé à la pointe _____ des États-Unis. Le Texas est plus _____ que la Californie. Dans le Colorado, les hivers sont _____ que dans le Mississippi. _____ à l'océan Pacifique, la Californie a un climat _____.

DEUXIÈME CHAPITRE

PRÉPARATION À LA LECTURE

1. Formation des adverbes

En général, on ajoute **-ment** au <u>féminin</u> des adjectifs pour former les adverbes correspondants.

relatif, relative → relativement   *relatively*
approximatif, approximative → approximativement *approximately*
farouche, farouche → farouchement   *fiercely*
local, locale → localement   *locally*

2. L'adjectif démonstratif

L'adjectif démonstratif correspond à *this* ou *that* au singulier et à *these* ou *those* au pluriel.

<u>ce</u> gouvernement (masculin)   *this* (*that*) *government*
<u>cette</u> forme (féminin)   *this* (*that*) *form*
<u>ces</u> caractéristiques (pluriel)   *these* (*those*) *characteristics*

Attention: On emploie **cet** devant le nom <u>masculin singulier</u> si le nom commence par une voyelle (*vowel*).

<u>cet</u> enfant   *this* (*that*) *child*

■3. Le pronom relatif: <u>sujet</u>

Qui remplace le sujet d'une proposition (*clause*) relative:

C'est le Premier Ministre; **le Premier Ministre** dirige l'action du gouvernement.

C'est le Premier Ministre **qui** dirige l'action du gouvernement.
It is the Prime Minister who directs the government's action.

4. Nombres ordinaux

En général, on ajoute **-ième** aux nombres cardinaux pour former les nombres ordinaux (exception: **premier, première**).

un, une → **premier, première**   *first*
deux → **deuxième**   *second*
trois → **troisième**   *third*
quatre → **quatrième**   *fourth*
cinq → **cinquième**   *fifth*

■**5.   Expressions à retenir**

pour + nom   *for*
Le président est élu pour une période de sept ans.

● **pour + infinitif**   *to, in order to*
Il faut avoir 18 ans pour voter.

● **il faut + infinitif**   *it is necessary, one must*
Il faut sauver le pays.

avoir + nombre + ans   *to be + number + years old*
Elle a 18 ans et elle vote.
Pour voter, il faut avoir 18 ans.

● **prendre une décision**   *to make a decision*
Ils prennent des décisions législatives.

«Comment gouverner* un pays qui fabrique 400 sortes* de fromage»[1]

Ce *qui* caractérise* le Français, c'est surtout son caractère* farouchement indépendant.* Cette caractéristique* explique les nombreux changements dans la forme de gouvernement* et le remplacement fréquent* des personnes* au pouvoir.

5   C'est la Révolution* française de 1789 *qui* renverse la monarchie* absolue* et instaure la Première République.* En 1958, après un empire,* plusieurs rois et deux autres républiques, la Quatrième République très démoralisée* par ses défaites* en Indochine et en Algérie se tourne vers le général* de Gaulle *pour*
10   sauver le pays d'une armée* rebelle. A cette date* commence* la Cinquième République, forme actuelle† du gouvernement français.

Comme aux États-Unis, la Constitution* insiste* sur la séparation* du pouvoir législatif,* du pouvoir exécutif* et du pouvoir

1. Général de Gaulle (1890–1970).

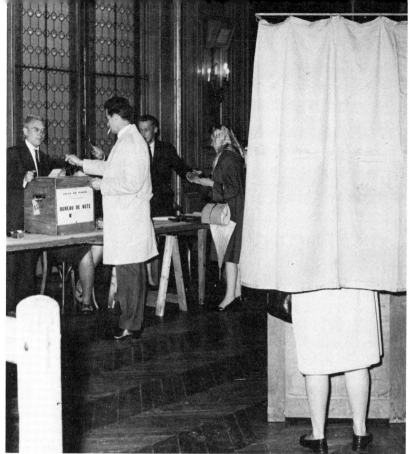

Les Français exercent leur droit de vote. French Cultural Services

L'Assemblée Nationale en session.

French Cultural Services

19

judiciaire.* A la tête de la branche* exécutive, il y a un Président
15 de la République élu au suffrage* universel* *pour* une période*
de sept ans. Entre autres responsabilités,* le Président de la République dirige la diplomatie* du pays, il négocie* et ratifie* les
traités,* et il nomme le Premier Ministre.* C'est le Premier Ministre, en collaboration* avec un Conseil de Ministres (ministre
20 de l'Intérieur, ministre des Affaires* étrangères, ministre de l'Éducation* nationale,* etc.), *qui* dirige l'action du gouvernement. Ce
conseil assure* l'exécution* des lois et est responsable de la Défense* nationale.

Le pouvoir législatif réside* dans le Parlement.* Compa-
25 rable au Congrès* des États-Unis, le Parlement est composé d'une
chambre* bilatérale*: l'Assemblée* nationale et le Sénat.* Cependant, en France, le Sénat a un rôle* insignifiant*; ce sont les 487
membres* de l'Assemblée nationale *qui prennent* toutes les *décisions** législatives.

30 Au niveau du gouvernement local,* la France est divisée en
départements.* Il y a 95 départements dans la France métropolitaine et quatre départements outre-mer (des anciennes† colonies*
françaises incorporées* à la France: la Guadeloupe, la Martinique,
la Guyane, et l'île de la Réunion). Les départements sont gou-
35 vernés par des préfets nommés par le ministre de l'Intérieur à Paris
et un conseil d'administration* élu localement. *Pour* voter,* *il faut*
être de nationalité* française et *avoir 18 ans.*

NOTES

Titre: **qui fabrique** which produces; **fromage** cheese.   1. **ce qui**
that which, what; **surtout** above all.   2. **farouchement** fiercely;
explique explains.   3. **nombreux** numerous; **changements** changes.
4. **remplacement** replacement; **au pouvoir** in power.   5. **renverse**
overturns.   6. **instaure** establishes.   7. **après** after; **plusieurs** several;
rois kings; **autres** other.   9. **se tourne** turns.   10. **sauver** to save;
rebelle rebellious.   11. **actuelle** current, present.   12. **comme** as;
aux États-Unis in the United States.   14. **à la tête** at the top, head.
15. **élu** elected.   16. **ans** years.   17. **dirige** directs.   18. **nomme**
nominates; **Premier Ministre** Prime Minister, Premier.   19. **Conseil**
Council.   20. **étrangères** foreign.   22. **lois** laws.   26. **cependant**
however.   30. **niveau** level; **divisée** divided.   31. **métropolitaine**
(*here*) continental.   32. **outre-mer** overseas; **anciennes** former.   33. **la**
Guadeloupe, la Martinique *islands in the French Indies in the Caribbean.*

La France: Villes principales.

34. la Guyane   French Guiana, *near Brazil and Venezuela;* **l'île de la Réunion**   *island on the Indian Ocean near East Africa.*   **35. préfet**   prefect. **36. localement**   locally.

EXERCICES

A.   *Répondez aux questions suivantes.*

1. Qu'est-ce qui caractérise le Français?
2. A quelle date commence la Cinquième République?
3. Sur quoi est-ce que la Constitution insiste?
4. Quelles sont les trois branches du gouvernement?
5. Comment est-ce que le Président est élu?
6. Qui dirige l'action du gouvernement?
7. Qu'est-ce qui assure l'exécution des lois?
8. Où réside le pouvoir législatif?
9. A quoi est-ce que le Parlement est comparable?
10. Combien de départements y a-t-il dans la France métropolitaine?

B.   *Indiquez si les commentaires suivants sont vrais ou faux.*

1. C'est la Révolution de 1789 qui renverse la Première République.
2. La Cinquième République date de 1958.
3. La Constitution française insiste sur la séparation des pouvoirs législatif, judiciaire et militaire.
4. Le Président de la République est élu pour une période de sept ans.
5. Le Premier Ministre, qui dirige l'action du gouvernement, est élu au suffrage universel.
6. C'est le Sénat qui prend toutes les décisions législatives de la République.
7. Pour voter, il faut être Français et avoir 18 ans.
8. Les préfets, qui gouvernent les départements, sont nommés par le Premier Ministre.

C.   *Exercices de lexique.*

1. Cherchez dans le texte les mots indiqués.

remplacer   → (*nom*)   gouverner→ (*nom*)
séparer   → (*nom*)   changer   → (*nom*)
responsable→ (*nom*)   direction → (*verbe*)

négociation	→ (*verbe*)	relatif	→ (*adverbe*)
ratification	→ (*verbe*)	farouche	→ (*adverbe*)
nomination	→ (*verbe*)	exécution	→ (*adjectif*)
commencement	→ (*verbe*)	législation	→ (*adjectif*)

2. Trouvez le mot qui n'appartient pas à chaque série.

ministre—défaite—président—préfet—conseil
premier—quatrième—deuxième—plusieurs—troisième
négocier—expliquer—commencer—diriger—premier
parlement—assemblée—sénat—conseil—fromage

D. *Structures: Choisissez a, b, ou c pour compléter les phrases suivantes.*

1. (*ligne 9*) Le sujet du verbe **se tourne** est
   a) le général de Gaulle.
   b) la Révolution française.
   c) la Quatrième République.

2. (*ligne 21*) Le mot **dirige** est
   a) un verbe.
   b) un nom.
   c) un adjectif.

3. (*ligne 36*) Le mot **élu** modifie
   a) Paris.
   b) le ministre.
   c) un conseil.

E. *Complétez le paragraphe suivant en utilisant le vocabulaire du texte.*

La _____ des États-Unis insiste sur la séparation du pouvoir _____, du pouvoir _____ et du pouvoir _____. _____ de la République est à la tête de la branche _____. Il est _____ au suffrage _____ pour une période de _____. Le pouvoir législatif réside _____. Il y a _____ membres au Sénat. Ils sont élus pour une période de _____. Au niveau du gouvernement local, les États-Unis sont divisés _____. C'est le Gouverneur qui est _____ du pouvoir _____ de chaque État. Pour voter aux États-Unis, il faut être _____ et avoir _____.

TROISIÈME CHAPITRE

PRÉPARATION À LA LECTURE

■1. Le superlatif de l'adjectif

On ajoute l'article défini avant **plus** pour former le superlatif de l'adjectif:

Les riches collections → Les **plus** riches collections
The richest collections

La préposition après le superlatif de l'adjectif est **de:**

Les **plus** riches collections **du** monde (**du = de + le**).
The richest collections in the world.

L'endroit le **plus** admiré **de** Paris.
The most admired place in Paris.

■2. L'adjectif « tout »

Tout le + nom / **toute la** + nom est un équivalent de l'expression anglaise *all of, the whole of* + nom:

Paris domine **toute la** France.

Paris dominates all of (the whole of) France.

● **Tous les** + nom / **toutes les** + nom correspond à l'expression *all (the)* + nom (pluriel) ou *every* + nom (singulier):

toutes les décisions législatives

all the legislative decisions; every legislative decision

■3. Expressions à retenir

à tous les points de vue   *from every point of view*
C'est le cœur du pays à tous les points de vue.

d'un bout à l'autre   *from one end to the other*
le fleuve traverse la ville d'un bout à l'autre.

aller à pied *to go on foot, to walk*

Il est facile d'aller à pied d'une rive à l'autre.

à présent *now, at present*

La Tour Eiffel est à présent le symbole de Paris.

en partie *in part, partly*

Le Louvre est transformé en partie en musée.

servir de *to serve as, to be used as*

Le palais sert de siège à une agence gouvernementale.

ainsi vs. **aussi** *thus, therefore vs. also*

Paris est ainsi coupé en deux parties.

On trouve aussi quelques jolies perspectives.

beaucoup de *many*

Il y a beaucoup de monuments historiques à Paris.

4. Verbes irréguliers

L'INFINITIF	IL	ILS
contenir (*to contain*)	contient	contiennent
devenir (*to become*)	devient	deviennent
servir (*to serve*)	sert	servent
se réunir (*to meet*)	se réunit	se réunissent

Tous les chemins mènent à Paris

La ville de Paris domine* *toute* la France. Physiquement,*
elle ressemble* un peu à la ville de Washington. Washington,
dessiné par Pierre L'Enfant, architecte* français, a *beaucoup de*
parcs, *beaucoup d'*arbres et *de* larges† avenues*; on trouve *aussi*
5 quelques jolies perspectives* comme à Paris. Mais Washington
est seulement le siège† du gouvernement, le centre du pouvoir
fédéral.* Paris est la capitale* politique,* économique, sociale*
et intellectuelle.* C'est vraiment le cœur de la France *à tous les
points de vue.*
10 Le célèbre fleuve de la Seine traverse Paris *d'un bout à
l'autre,* de l'est à l'ouest. La ville est *ainsi* coupée en deux parties:

Une rue de Paris—le mélange
de l'ancien et du moderne.

De nombreux ponts traversent la Seine.

la partie au nord de la Seine est appelée la Rive droite, la partie
au sud la Rive gauche. La Rive gauche est <u>souvent</u> identifiée*
avec le Quartier Latin, le quartier des étudiants. De nombreux
15   ponts de différentes* architectures* traversent la Seine. Il est
donc très facile d'*aller à pied* ou en voiture d'une rive à l'autre.
Les rues de la ville de Paris <u>portent</u> souvent le nom de personnes
célèbres: des écrivains, des compositeurs, des militaires, des
peintres, des hommes d'état, etc. Ce mélange constant* de l'ancien*
20   et du moderne* donne aux Parisiens* et aux visiteurs* de la
capitale un sens* profond* de l'histoire.*

     Les nombreux palais de la ville *servent de* résidence* ou de
siège à diverses* personnalités* et agences* gouvernementales.*
Le Président de la République habite† l'Élysée, une ancienne†
25   résidence de Madame de Pompadour et, plus tard, de Napoléon.
Un joli palais construit au début† du dix-huitième siècle, le
Palais-Bourbon, est le siège de l'Assemblée nationale. Le Sénat
se réunit dans un palais <u>entouré</u> d'un parc magnifique,* le
Luxembourg, construit au début du dix-septième siècle par Marie
30   de Médicis. L'ancienne résidence royale, le Louvre, est transformée* *en partie* en un musée qui contient une des *plus* riches*
collections* d'art* *du* monde.

     Les célèbres silhouettes* de l'Arc de Triomphe et de la
Tour Eiffel sont *à présent* les symboles* de Paris. La vaste place
35   de la Concorde avec ses quatre fontaines,* ses nombreuses
statues* et son obélisque* au centre est un des endroits les *plus*
admirés *de* Paris. La nuit, les monuments* historiques,* les palais,
les ponts et les fontaines sont illuminés.* Paris devient « la ville
lumière ».

NOTES

Titre: **chemins** roads; **mènent** lead. 1. **ville** city. 3. **dessiné**
designed. 4. **arbres** trees; **larges** wide; **on trouve** one finds, you
find. 5. **quelques** a few; **jolies** nice, pretty. 6. **siège** seat.
8. **vraiment** really; **cœur** heart. 11. **coupée** cut. 12. **appelée**
called; **la Rive droite** the Right Bank. 13. **gauche** left. 14. **le**
Quartier Latin the Latin Quarter; **quartier** section of a town;
étudiants students. 15. **ponts** bridges. 16. **facile** easy; **voiture**
car. 17. **rues** streets; **portent** carry, have; **nom** name. 18. **écrivains**
writers; **compositeurs** composers; **militaires** soldiers. 19. **peintres**

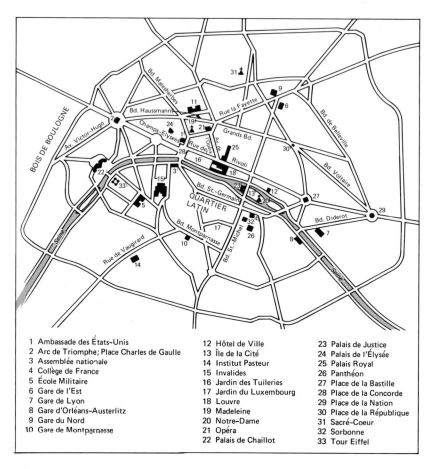

1 Ambassade des États-Unis
2 Arc de Triomphe; Place Charles de Gaulle
3 Assemblée nationale
4 Collège de France
5 École Militaire
6 Gare de l'Est
7 Gare de Lyon
8 Gare d'Orléans-Austerlitz
9 Gare du Nord
10 Gare de Montparnasse

12 Hôtel de Ville
13 Île de la Cité
14 Institut Pasteur
15 Invalides
16 Jardin des Tuileries
17 Jardin du Luxembourg
18 Louvre
19 Madeleine
20 Notre-Dame
21 Opéra
22 Palais de Chaillot

23 Palais de Justice
24 Palais de l'Élysée
25 Palais Royal
26 Panthéon
27 Place de la Bastille
28 Place de la Concorde
29 Place de la Nation
30 Place de la République
31 Sacré-Coeur
32 Sorbonne
33 Tour Eiffel

Paris: Rues principales.

painters; **hommes d'état** statesmen; **mélange** mixture. 20. **donne** gives. 22. **palais** palaces. 24. **habite** lives (in). 25. **plus tard** later. 26. **construit** built; **au début** in the beginning; **siècle** century. 28. **se réunit** meets; **entouré** surrounded. 31. **musée** museum; **contient** contains. 32. **monde** world. 36. **endroits** places. 37. **la nuit** at night. 38. **devient** becomes; **ville lumière** city of light.

EXERCICES

A. *Répondez aux questions suivantes.* (following)

1. A quelle ville est-ce que Paris ressemble?
2. Qu'est-ce qu'on trouve à Washington?
3. Quelle sorte de capitale est Paris?
4. Dans quelle direction est-ce que la Seine traverse Paris?
5. Avec quoi est-ce que la Rive gauche est identifiée?
6. Quelle sorte de nom est-ce que les rues de Paris portent?
7. Qu'est-ce qui donne un sens de l'histoire aux visiteurs de Paris?
8. Où est-ce que le Président de la République habite?
9. Quelle sorte de musée est le musée du Louvre?
10. Qu'est-ce qu'il y a sur la place de la Concorde?

B. *Indiquez si les commentaires suivants sont vrais ou faux.*

1. La ville de Paris ressemble un peu à la capitale américaine.
2. Washington est le cœur des États-Unis à tous les points de vue.
3. La Seine traverse Paris et divise la ville en deux parties.
4. La Rive gauche est souvent identifiée avec le Quartier Latin.
5. Il y a beaucoup de ponts qui traversent la Seine.
6. Les rues de Paris portent souvent le nom de personnes célèbres.
7. L'Élysée est le nom de l'ancienne résidence de Marie de Médicis.
8. L'Assemblée nationale se réunit dans un palais entouré d'un parc magnifique.
9. L'Arc de Triomphe est un des symboles de la capitale de la France.
10. Il y a un obélisque au centre de la place de la Concorde.

C. *Exercices de lexique.*

1. Trouvez dans le texte la forme conjuguée de ces verbes.

contenir	se réunir
servir	trouver
habiter	porter
donner	devenir

2. Trouvez le mot qui n'appartient pas à chaque série.

place—parc—rue—avenue—pied
compositeur—agence—militaire—écrivain—peintre
physiquement—seulement—vraiment—monument—
    farouchement
statue—siècle—parc—fontaine—arbre
coupée—appelée—identifiée—transformée—musée

D. *Complétez le paragraphe suivant en utilisant le vocabulaire
du texte.*

Physiquement, _____ de Washington ressemble un peu à
_____ de la France. Il y a _____ de parcs, _____ d'arbres et
de _____ avenues. Le Potomac traverse Washington _____. Il
y a de nombreux bâtiments (*buildings*) qui servent de _____
à diverses _____ gouvernementales. Le Président des États-Unis
_____ la Maison Blanche. Le célèbre _____, en forme
d'obélisque, est un des _____ de la ville. La nuit, beaucoup
_____ du gouvernement sont illuminés et la capitale _____
« la ville lumière ».

E. *Prononcez chaque nom puis classez le nom de chaque personne
d'après* (according to) *sa profession (compositeur, écrivain,
peintre, militaire, homme d'état)*:

avenue Victor Hugo	rue Georges Bizet
avenue Foch	rue Paul Cézanne
rue Berlioz	rue Voltaire
place Clémenceau	rue Claude Debussy
rue Gustave Flaubert	rue Edouard Manet

QUATRIÈME CHAPITRE

PRÉPARATION À LA LECTURE

1. Verbes du premier groupe

Voici la conjugaison des verbes du premier groupe:

infinitif: **travailler** (*to work*)

je travaille	nous travaillons
tu travailles	vous travaillez
il travaille	ils travaillent

2. Le pluriel de l'article indéfini

Des est le pluriel de **un** ou **une:**

Un garçon → **des** garçons

Une raison économique → **des** raisons économiques

Des devient **de (d')** devant l'adjectif (pluriel) + nom (pluriel):

Un autre enfant → **d'autres** enfants ⟵ *adj. precedes*

■3. Expressions à retenir

Permettez-moi de vous demander...   *Allow me to ask you... May I ask you...*

Permettez-moi de vous demander votre adresse.

avoir l'intention de + **inf.**   *to intend, to plan*

Je n'ai pas l'intention d'avoir d'autres enfants.

travail (pluriel; **travaux**) vs. **travaille**   *work* (noun) *vs. work* (verb)

Je vais au travail.

Je travaille huit heures.

pas du tout   *not at all*

Il ne travaille pas du tout.

combien de... par... *how much... per...*

Combien d'argent gagnez-vous par an?

4. Verbes irréguliers

	ALLER (*to go*)	PRENDRE (*to take*)
je	vais	prends
tu	vas	prends
il	va	prend
nous	allons	prenons
vous	allez	prenez
ils	vont	prennent

Une interview de l'homme de la rue

La speakerine: Bonjour, monsieur.

Jean Dupont: Bonjour, madame.

La speakerine: Avez-vous un moment* pour répondre* à quelques questions?

5   Jean Dupont: Oui, avec plaisir.

La speakerine: *Permettez-moi de vous demander* votre nom.

Jean Dupont: Jean Dupont.

La speakerine: Nous cherchons quelqu'un qui représente* le mode† de vie, les opinions* et les aspirations* du Français

10   moyen. Êtes-vous cet homme?

Jean Dupont: Pourquoi pas?

La speakerine: Quel âge avez-vous, monsieur?

Jean Dupont: J'ai quarante-deux ans.

La speakerine: Êtes-vous marié*?

15   Jean Dupont: Oui.

La speakerine: Quel âge a Madame Dupont?

Jean Dupont: Ma femme a trente-sept ans.

La speakerine: Avez-vous des enfants†?

Jean Dupont: Oui, nous avons deux enfants. Un garçon de sept

20   ans, François-Michel, et une fille de cinq ans et demi, Jacqueline.

La speakerine: *Avez-vous l'intention d'*avoir d'autres enfants?

Midi—c'est l'heure du déjeuner.

Les Parisiens prennent le métro pour aller au travail.

CORRESPONDANCE

Jean Dupont: Non... pour des raisons* économiques.

La speakerine: Quelle est votre profession,* Monsieur Dupont?

25   Jean Dupont: Je suis fonctionnaire.† Je *travaille* à la comptabilité
au Ministère des Travaux publics.* Je contrôle† le coût*
du matériel et de l'équipement* achetés par le ministère.

La speakerine: Quelles sont vos heures de *travail?*

Jean Dupont: La journée† au bureau* commence à huit heures

30   et demie. A midi et demi, je vais déjeuner au restaurant.*
Ensuite, je travaille de quatorze heures jusqu'à dix-huit
heures.

La speakerine: Est-il indiscret* de vous demander† votre salaire*
mensuel?

35   Jean Dupont: Non, *pas du tout.* Je gagne actuellement† 4.500
francs par mois.

La speakerine: *Combien de* semaines de congé avez-vous *par*
an?

Jean Dupont: J'ai le minimum* prescrit par la loi, c'est-à-dire

40   quatre semaines de vacances† payées.*

La speakerine: Où habitez-vous?

Jean Dupont: Nous avons un appartement* de trois pièces† dans
un immeuble de construction* récente* dans la banlieue
parisienne.

45   La speakerine: Quel mode† de transport† utilisez-vous pour aller
au travail?

Jean Dupont: Je prends le train de banlieue à sept heures six et
ensuite le métro à la gare du Nord.

La speakerine: Merci beaucoup, monsieur.

NOTES

1. **speakerine** (female) announcer; **bonjour** hello. 3. **répondre**
to answer; **quelques** a few. 5. **avec plaisir** with pleasure, gladly.
8. **cherchons** we are looking for; **quelqu'un** someone. 9. **mode**
mode, way; **vie** life. 10. **moyen** average; **homme** man.
12. **quel âge avez-vous?** how old are you? 17. **femme** wife.
18. **enfants** children. 19. **garçon** boy. 20. **fille** daughter, girl;
demi half. 25. **fonctionnaire** civil servant; **comptabilité**
accounting office. 26. **Travaux publics** Public Works; **contrôle** check.
27. **matériel** material; **achetés** bought, purchased. 29. **journée** day;
à huit heures at eight (o'clock). 30. **midi** noon; **déjeuner** to have
lunch. 31. **ensuite** then; **quatorze heures** two (o'clock) in the afternoon

(official time schedules and public events—concerts, plays, movies, lectures, etc.—are always expressed in terms of 24 hours); **jusqu'à** until. 34. **mensuel** monthly. 35. **gagne** earn; **actuellement** at present. **4.500 (trois mille huit cents** *in French, a period rather than a comma is used to indicate decimal points).* **francs** *French unit of currency (one U.S. dollar is worth 4.7-5.0 francs);* **par mois** per month. 37. **semaines** weeks; **congé** leave. 39. **prescrit** prescribed, required; **c'est-à-dire** that is (to say). 40. **vacances** vacation *(always in the plural for this meaning).* 42. **pièces** rooms. 43. **immeuble** (apartment) building; **banlieue** suburbs. 45. **transport** transportation; **utilisez-vous** do you use. 48. **métro** subway; **gare** railroad station; **la gare du Nord** *a large terminal station near Montmartre in Paris.* 49. **merci beaucoup** thank you very much.

EXERCICES

A. *Répondez aux questions suivantes.*

1. Qu'est-ce que la speakerine demande à ce monsieur?
2. D'après la speakerine, qu'est-ce que Monsieur Dupont représente?
3. Quel âge a-t-il? et sa femme?
4. Quels sont les prénoms de ses enfants?
5. Quel âge ont-ils?
6. Où est-que Monsieur Dupont travaille?
7. Combien d'heures est-ce qu'il travaille par jour?
8. Quel est le minimum de congé payé prescrit par la loi?
9. Quelle sorte d'appartement est-ce que Monsieur Dupont habite?
10. Comment va-t-il au travail?

B. *Indiquez si les commentaires suivants sont vrais ou faux.*

1. Jean Dupont est un nom typiquement français.
2. Monsieur Dupont a quarante-deux ans et sa femme trente-sept ans.
3. Monsieur Dupont a deux enfants, Françoise et Michel.
4. Pour des raisons économiques, Monsieur Dupont n'a pas l'intention d'avoir d'autres enfants.
5. Monsieur Dupont travaille à la comptabilité au Ministère de l'Intérieur.
6. La journée au bureau de Monsieur Dupont commence à huit heures du matin.

    7. La speakerine demande à Monsieur Dupont combien d'argent sa femme gagne par mois.

    8. En France, le minimum de congé payé prescrit par la loi est deux semaines.

    9. Monsieur Dupont habite un appartement dans la banlieue parisienne.

  10. Monsieur Dupont utilise deux modes de transport pour aller au travail.

C. *Exercices de lexique.*[1]

    1. Donnez l'antonyme des mots suivants.

*un peu	discret
*moderne	maximum
*droite	madame
garçon	homme

    2. Cherchez dans le texte les mots indiqués.

*physique →	(*adverbe*)	travailler →	(*nom*)
*vrai →	(*adverbe*)	transporter →	(*nom*)
*seul →	(*adverbe*)	mensuel →	(*nom*)
exact →	(*adverbe*)	coûter →	(*nom*)

    3. Chaque phrase contient un « faux ami ». Donnez l'équivalent anglais de la partie en italiques.

        1. Cet homme est *fonctionnaire au Ministère des Travaux publics.*

        2. Elle *habite un appartement de quatre pièces* dans un immeuble moderne.

        3. Cet homme représente *le mode de vie* en France.

        4. *Je demande* votre nom et votre âge.

        5. Nous allons avoir *une longue journée.*

        6. Il travaille *actuellement pour l'ancien ministre de l'Intérieur.*

    4. Donnez l'infinitif des verbes suivants.

vous utilisez	il *devient
je représente	tu gagnes
il travaille	je vais
nous prenons	ils *servent
nous *indiquons	ils *ont

1. Words preceded by an asterisk (*) have appeared in preceding lessons.

D. *Complétez le paragraphe suivant en utilisant le vocabulaire du texte.*

Je suis Jean Dupont. J'ai _____ ans. Je suis marié, et ma _____ Marianne a _____ ans. Nous _____ un appartement de trois _____ dans la _____ parisienne. Nous avons deux _____. Nous _____ l'intention d'avoir d'autres enfants, surtout pour des _____ économiques. Je _____ à la comptabilité au _____ des Travaux publics. J'arrive au bureau à _____. Je travaille _____ heures par jour. Je gagne 3.800 francs _____. J'ai _____ semaines de congés payés. C'est _____ prescrit par _____.

ancien = formel (if it precedes the noun) and old (if following)

CINQUIÈME CHAPITRE

PRÉPARATION À LA LECTURE

1. Verbes réfléchis *(past w/ être)*

Les verbes réflechis se conjuguent avec deux pronoms: le pronom sujet (*je, tu, il,* etc.) et le pronom complément (*me, te, se,* etc.):

se lever (*to get up*)   *Se tuer (to commit suicide)*

Je me suis levé
I got up

(m') je **me** lève   nous **nous** levons
(t') tu **te** lèves   vous **vous** levez
(s') il **se** lève   (s') ils **se** lèvent
elle **se** lève   elles **se** lèvent

Tout le monde **se lève** tôt.
Everyone gets up early.

■2. La préposition « à »

La préposition à dans la construction **nom + à + nom** correspond souvent à la préposition *with* en anglais:

la sauce **au vin**   *the gravy (sauce) with wine*
le plat **à l'ail**   *the dish with garlic*

■3. La préposition « de »

La préposition **de** dans la construction passive **être + participe passé + de** correspond souvent à la préposition *with* ou *by* en anglais.

La côte est entourée **de** rochers.

The coast is surrounded with (by) rocks.

■4. Expressions à retenir

à cause de vs. **parce que**   *because of vs. because*
followed by noun   *Followed by a clause*
A cause de ses mythes, on considère que notre religion approche de la superstition.

Ce métier est dangereux parce que la côte est entourée de rochers.

ainsi que *as well as*

Tous les étudiants, ainsi que leurs professeurs, travaillent ensemble.

pendant vs. **pendant que** *during, for, vs. while*

Il travaille à Paris pendant trois mois.

Il travaille pendant que sa sœur prépare le repas.

tout le monde *everyone*

Tout le monde travaille de longues heures.

se moquer de *to make fun of, mock*

Tout le monde se moque de mon accent.

5. Verbes irréguliers

L'INFINITIF	IL	NOUS	ILS
sortir (*to come out*)	sort	sortons	sortent
produire (*to produce*)	produit	produisons	produisent
venir (*to come*)	vient	venons	viennent
voir (*to see*)	voit	voyons	voient

Joyeux enfants de la Bourgogne

Joyeux* enfants de la Bourgogne
Je suis fier d'être Bourguignon.
Quand je vois rougir ma trogne
Je suis fier d'être Bourguignon.[1]

5   La France moderne est divisée en départements depuis la Révolution française. Mais pour beaucoup de Français elle est encore divisée en « provinces »,* c'est-à-dire en régions* qui ont chacune une entité* culturelle* et historique.* Chaque province a son héritage*: son langage,* son accent,* ses costumes,* ses
10 jeux, son folklore* et sa cuisine. Aujourd'hui les dialectes,* ou « patois »* comme ils sont appelés, n'existent* presque pas

---

1. Refrain* d'une célèbre chanson folklorique* française.

La France: Provinces.

et les costumes* sortent du placard† uniquement† pour les
fêtes.† Mais chaque Français reste† attaché* à sa « province ».

Portraits*

15 *Yves Kerouec*: Je suis Breton. Ma province, la Bretagne, est une
presqu'île dans le nord-ouest de la France. Mon père et mon
grand-père pêchent la morue, le thon et la sardine.* Le métier
de pêcheur est très dangereux* *parce que* la côte* bretonne
entourée de rochers présente* un grand danger* pour les bateaux.
20 Moi, je suis ouvrier; je travaille dans une fabrique† de cidre.*
Seules ma mère et ma grand-mère parlent le breton, un vieux
dialecte* celtique* qui ressemble* au gallois parlé en Irlande*
et dans le pays de Galles. Peu développée* économiquement,*
la Bretagne est riche* en folklore. *A cause des* nombreux
25 mythes* qui entourent notre culte, beaucoup de personnes
considèrent* que notre religion* approche* de la superstition.*

Albert Delavigne: Je suis fier d'être Bourguignon parce que
la Bourgogne produit les plus grands vins du monde: le Bourgogne
et le Beaujolais. Je suis vigneron, propriétaire† d'un grand
30 vignoble où travaillent tous les membres de ma famille* *ainsi
que* vingt-cinq employés.* La saison* la plus difficile pour nous
est le moment† de la vendange au mois de septembre.*
Tout le monde se lève tôt et travaille de longues* heures, *pendant
que* ma femme et ses sœurs préparent* les repas. Leur spécialité*
35 est le bœuf bourguignon, un plat† de bœuf coupé en morceaux
et cuit lentement dans une sauce† *au* vin rouge.

Mireille Trésor: Ma province, située dans le sud-est de la France,
s'appelle la Provence. Les Français *se moquent de* mon accent*
méridional et de ma tendance* à exagérer,* mais ils adorent† la
40 nourriture provençale. Ils viennent de loin pour manger notre
bouillabaisse, une soupe* de poissons très assaisonnée, et nos
plats *à* l'ail et l'huile d'olive.* Dans ma famille les hommes sont
tous cultivateurs* de père en fils. Les poètes,* les romanciers, les
peintres et les voyageurs célèbrent† souvent la température*
45 clémente, la rareté* des pluies et la luminosité* exceptionnelle*
du climat provençal.

Tout le monde travaille de longues heures au
moment de la vendange.

Les costumes sortent du placard pour les fêtes.

Des pêcheurs bretons.

NOTES

Beginning with this lesson, new words will be listed as they would appear in a dictionary, that is, singular rather than plural form for nouns, masculine rather than feminine for adjectives, infinitive rather than conjugated forms for verbs, and so on. The past participles will be listed in the masculine singular form.

1. **la Bourgogne** Burgundy, *one of the old provinces in the east of France.*
2. **fier** proud; **Bourguignon** Burgundian. 3. **voir** to see; **rougir** to become red (*here, with wine*); **trogne** face (*familiar expression*).
5. **depuis** since. 7. **encore** still. 8. **chacun** each; **chaque** every, each. 10. **jeu** game; **cuisine** cooking; **aujourd'hui** today.
11. **presque** almost. 12. **sortir** to come out; **placard** closet; **uniquement** solely. 13. **fête** holiday; **rester** to remain. 16. **presqu'île** peninsula; **père** father. 17. **grand-père** grandfather; **pêcher** to fish; **morue** cod; **thon** tuna; **métier** trade. 18. **pêcheur** fisherman.
19. **rocher** rock; **bateau** boat. 20. **Moi, je** I (*with a heavy stress on I*); **ouvrier** worker; **fabrique** mill, factory. 21. **seul** only, alone; **mère** mother; **grand-mère** grandmother; **vieux** old.
22. **gallois** Welsh. 23. **Galles** Wales. 25. **culte** religious service, worship. 28. **produire** to produce; **vin** wine. 29. **vigneron** vine-grower; **propriétaire** owner. 30. **vignoble** vineyard; **où travaillent** *the verb and the subject noun phrase* (**tous... famille...**) *have been inverted after* **où**. 31. **difficile** difficult. 32. **moment** (*here*) time; **vendange** vine-harvest. 33. **tôt** early 34. **sœur** sister; **repas** meal. 35. **bœuf** beef; **plat** dish; **coupé en morceaux** cut into pieces. 36. **cuit** cooked; **lentement** slowly; **sauce** sauce, gravy; **rouge** red. 39. **méridional** southern; **adorer** to love.
40. **nourriture provençale** Provence-style cooking; **loin** far; **manger** to eat. 41. **poisson** fish; **assaisonné** seasoned, spicy.
42. **ail** garlic; **huile** oil. 43. **de père en fils** from father to son; **romancier** novelist. 44. **voyageur** traveler; **célébrer** to praise.
45. **clément** mild; **pluie** rain.

EXERCICES

A. *Répondez aux questions suivantes.*

1. Quand est-ce que les Français portent des costumes régionaux?
2. Où est la Bretagne?
3. Pourquoi est-ce que le métier de pêcheur est dangereux?
4. Comment s'appelle la langue régionale de la Bretagne?
5. A quelle langue est-ce que le breton ressemble?

6. Quel est le métier d'Albert Delavigne?
7. Quelle est la saison la plus difficile pour les vignerons?
8. Qu'est-ce que c'est que le bœuf bourguignon?
9. Où est la Provence?
10. Pourquoi est-ce qu'on se moque des provençaux?
11. Que fait la famille de Mireille Trésor?
12. Comment est le climat en Provence?
13. Qui célèbre le climat de la Provence?

B. *Indiquez si les commentaires suivants sont vrais ou faux.*

1. La France est divisée en provinces depuis la Révolution de 1789.
2. Pour beaucoup de Français les provinces existent toujours.
3. La Bretagne est une province située dans le nord-ouest de la France.
4. Le père d'Yves Kerouec travaille dans une fabrique de cidre.
5. Le breton est un vieux dialecte celtique qui ressemble au français.
6. Il y a beaucoup de personnes qui considèrent que le culte breton approche de la superstition.
7. Au moment de la vendange tout le monde travaille de longues heures.
8. La Provence est située dans le sud-est de la France.
9. Beaucoup de Français aiment la cuisine provençale.
10. La bouillabaisse est une des spécialités de la cuisine provençale.

C. *Exercices de lexique.*

1. Donnez les adjectifs qui correspondent aux noms suivants.

la France	la Provence
Paris	la Bourgogne
la Bretagne	les États-Unis

2. Trouvez le mot qui n'appartient pas à chaque série.

poisson—thon—sardine—bateau—morue
langage—patois—pêcher—accent—dialecte
cuisine—jeu—nourriture—repas—plat
poète—romancier—peintre—vendange—écrivain
mère—fille—femme—fils—bœuf

3.   Donnez l'équivalent anglais de la partie en italiques.

1.   C'est *uniquement pour les fêtes* qu'on porte ce costume régional.

2.   Ces costumes *restent dans le placard*.

3.   La saison la plus difficile est *le moment de la vendange*.

4.   On sert *un plat de bœuf dans une sauce très assaisonnée*.

D.   *Structures: Choisissez a, b, ou c pour compléter les phrases suivantes.*

1.   (*ligne 6*) Le pronom **elle** se rapporte à (*refers to*)
     a) la France.
     b) la Révolution.
     c) Français.

2.   (*ligne 19*) Le mot **présente** est
     a) un nom.
     b) un adjectif.
     c) un verbe.

3.   (*ligne 30*) Le mot **où** se rapporte à
     a) vigneron.
     b) vignoble.
     c) propriétaire.

4.   (*ligne 44*) Le mot **célèbrent** est
     a) un nom.
     b) un verbe.
     c) un adjectif.

E.   *Complétez le paragraphe suivant en utilisant le vocabulaire du texte.*

Administrativement, la France moderne n'est pas divisée en _____ mais en _____. Cependant, pour beaucoup de Français _____ existent toujours. Chaque province a son folklore, son langage, ses jeux et ses _____. Mais on porte _____ uniquement pour _____. Dans notre texte il y a _____ personnes _____ parlent de leurs provinces et de leurs métiers. Le _____ d'Yves est pêcheur mais Yves est _____; il travaille dans _____. Albert est _____; il travaille dans _____ avec tous les membres de _____. Le père de Mireille est _____. Il _____ en Provence et cultive sa terre (*land*) avec _____.

SIXIÈME CHAPITRE

PRÉPARATION À LA LECTURE

1. Pronoms personnels: complément

Les pronoms **me, te, vous, nous** sont des compléments d'object direct ou indirect:

Il **me** remercie.	*He thanks me.*
Il **te** remercie.	*He thanks you.*
Il **nous** remercie.	*He thanks us.*
Il **vous** remercie.	*He thanks you.*
Elle **me** parle.	*She speaks to me.*
Elle **te** parle.	*She speaks to you.*
Elle **nous** parle.	*She speaks to us.*
Elle **vous** parle.	*She speaks to you.*

2. Les jours de la semaine

lundi	*Monday*	vendredi	*Friday*
mardi	*Tuesday*	samedi	*Saturday*
mercredi	*Wednesday*	dimanche	*Sunday*
jeudi	*Thursday*		

Attention: **Le lundi, le mercredi,** etc., sont souvent l'équivalent de **tous les lundis, tous les mercredis,** etc.

Je vais à l'école **le lundi.**

I go to school on Mondays (every Monday).

3. Verbes du deuxième groupe

Voici la conjugaison des verbes du deuxième groupe:

remplir *to fill* (*up, out*)

je rempl**is**	nous rempl**issons**
tu rempl**is**	vous rempl**issez**
il rempl**it**	ils rempl**issent**

■4.   Expressions à retenir

° **venir de + inf.**   *to have just (done something)*
Je viens de parler.

◉ **s'inscrire à (dans) vs. inscrire**   *to register vs. to write down*
Je m'inscris au cours de français.
Le professeur inscrit la note.

à partir de   *beginning*
J'étudie deux langues à partir de cette année.

◦ **à peu près**   *about, approximately*
La fin de la *high school* correspond à peu près à la fin de la
classe de Seconde.

d'après   *according to*
D'après la secrétaire, je suis admis en Première.

◦ **par conséquent**   *consequently, therefore*
Il est professeur de français; par conséquent, il parle très bien
français.

◦ **par contre**   *however*
Je travaille ce matin; par contre, je suis libre cet après-midi.

5.   Verbes irréguliers

L'INFINITIF	JE	NOUS	ILS
pouvoir (*to be able*)	peux	pouvons	peuvent
inscrire (*to write in*)	inscris	inscrivons	inscrivent
vouloir (*to want*)	veux	voulons	veulent

Si vous voulez aller
à l'école en France

Suzanne Robinson: Pardon, mademoiselle, pouvez-vous me donner
des renseignements. J'ai dix-sept ans, je suis Américaine et
je *viens de* terminer mes études secondaires* aux-États-Unis.
Je vais passer† cette année à Paris avec mes parents* et je
5   désire* *m'inscrire*† dans un lycée. Pouvez-vous m'indiquer*
les conditions* d'admission*?

La secrétaire,* Mademoiselle Dupuis: Très bien, mademoiselle.
Avez-vous votre Livret Scolaire?

Suzanne: Voici mon diplôme* et le « transcript » de mon école
10   secondaire.

Mlle Dupuis: Ce n'est pas un Livret Scolaire. Le Livret Scolaire
est un carnet gardé† par l'élève pendant toute la durée de
ses études, *à partir de* son entrée à l'école à l'âge de six ans.
Le professeur de chaque matière† inscrit la note† et son
15   appréciation† de l'élève. Mais dans votre cas, nous allons
faire une exception.*

Suzanne: A quel niveau est-ce que je vais être admise?

Mlle Dupuis: La fin de la *High School* correspond* *à peu près* à
la fin de la classe* de Seconde* des lycées français. Nous
20   pouvons donc vous accepter* en Première.

Suzanne (surprise): Comment, en Première? Avec les petits?

Mlle Dupuis: Naturellement* non. En France, à l'âge de six ans,
on entre* en Onzième et les études se terminent en Première,
suivie d'une Classe Terminale.† Vous êtes donc avec des
25   étudiants de votre âge.

Suzanne: Quel est le programme* de la Première?

Mlle Dupuis: Il y a plusieurs possibilités.* Premièrement, il y a
la Section* A destinée† surtout aux études littéraires,*
linguistiques* et philosophiques.* Deuxièmement, la Section
30   B donne une plus grande importance* aux sciences économiques* et sociales.* Troisièmement, la Section C est pour les
étudiants en mathématiques* et en sciences physiques.*
D'après votre dossier, vous avez étudié les langues vivantes et
la littérature*; *par conséquent,* je vous conseille de choisir
35   l'option* A.

Suzanne: Très bien. Combien d'heures de cours est-ce qu'il y
a par semaine?

Mlle Dupuis: Il y a *à peu près* cinq heures de cours par jour.
Voici votre emploi du temps. Vous allez aux cours le samedi
40   matin; *par contre,* vous êtes libre le mercredi après-midi.

Suzanne: Le lycée est-il mixte?

Mlle Dupuis: Non, c'est un lycée de jeunes filles. Cependant,
les classes de Première et de Terminale sont mixtes.

Suzanne: Quelle est la date de la rentrée?

45   Mlle Dupuis: Le 15 septembre, et l'année scolaire se termine
mi-juin. Pouvez-vous remplir cette demande† d'inscription.†

Entre les cours on parle.

La sortie des classes.

Suzanne: Très bien. Je vous remercie de votre amabilité† Au revoir, mademoiselle.

Mlle Dupuis: Je vous souhaite une bonne année scolaire. Au revoir, mademoiselle.

EMPLOI DU TEMPS

Lycée Janson de Sailly   Mlle Suzanne Robinson
                                          Classe: Ière A

Lundi

8h30 — 9h30	Mathématiques*
9h30 — 10h30	Histoire*-Géographie*
10h30 — 11h30	Physique*
11h30 — 12h30	Deuxième langue vivante
14h30 — 16h30	Travaux pratiques Sciences* naturelles*

Mardi

8h30 — 9h30	Français
9h30 — 10h30	Français
10h30 — 11h30	Plein air
11h30 — 12h30	Plein air
14h30 — 15h30	Deuxième langue vivante
15h30 — 16h30	Première langue vivante
16h30 — 17h30	Troisième langue vivante
17h30 — 18h30	Musique*

Mercredi

8h30 — 9h30	Mathématiques
9h30 — 10h30	Mathématiques
10h30 — 11h30	Français
11h30 — 12h30	Troisième langue vivante

Jeudi

8h30 — 9h30	Deuxième langue vivante
9h30 — 10h30	Education* physique
10h30 — 11h30	Première langue vivante
11h30 — 12h30	Chimie
14h30 — 15h30	Français
15h30 — 16h30	Français

Vendredi

8h30 — 9h30	Histoire-Géographie
9h30 — 10h30	Mathématiques
10h30 — 11h30	Première langue vivante
14h30 — 15h30	Troisième langue vivante
15h30 — 16h30	Physique

Samedi

9h30 — 10h30	Histoire-Géographie
10h30 — 11h30	Histoire-Géographie
11h30 — 12h30	Sciences naturelles

NOTES

1. **pardon** excuse me.   2. **renseignements** information.   3. **terminer** to finish.   4. **passer** to spend.   5. **lycée** *secondary school in France; the last year in the lycée corresponds to a little more than the first year in an American college.*   7. **très bien** fine.   8. **livret** booklet; **scolaire** academic.   9. **école** school.   12. **carnet** notebook; **gardé** kept; **élève** pupil; **durée** duration;   13. **entrée** entrance. 14. **matière** subject; **note** grade.   15. **appréciation** evaluation; **cas** case.   16. **faire** to make.   17. **admis** admitted.   18. **fin** end; **correspondre** to correspond.   21. **surpris** surprised; **comment** (*here*) how come; **les petits** small children.   24. **suivi** followed; **terminal** final.   27. **plusieurs** several; **premièrement** first.   28. **destiné** designed, intended.   33. **dossier** papers, documents; **langue vivante** modern (lit. living) language.   34. **conseiller** to advise; **choisir** to choose.   36. **cours** course.   39. **emploi du temps** schedule.   40. **matin** morning; **libre** free.   41. **mixte** coeducational.   42. **jeune fille** girl; **cependant** however.   44. **rentrée** beginning of school (lit. returning, from vacation).   46. **mi-juin** mid-June; **demande** request; **inscription** registration (*for courses*).   47. **remercier de** to thank for; **amabilité** kindness; **au revoir** good-bye.   49. **souhaiter** to wish.

Emploi du temps: **(lundi) travaux pratiques** laboratory work; **(mardi) plein air** outdoor gym; **(jeudi) chimie** chemistry.

EXERCICES

A.   *Répondez aux questions suivantes.*

1.   Qu'est-ce que Suzanne vient de faire?
2.   Qu'est-ce qu'elle demande à la secrétaire?

3. Qu'est-ce que c'est qu'un Livret Scolaire?
4. A quel niveau Suzanne va-t-elle être admise?
5. Pourquoi Suzanne est-elle surprise?
6. Comment s'appelle la dernière année au lycée?
7. Combien de programmes est-ce que la secrétaire propose à Suzanne?
8. Pourquoi Suzanne va-t-elle être dans la Section A?
9. Quand est-ce que Suzanne est libre?
10. Quand est-ce que les cours commencent?

B. *Indiquez si les commentaires suivants sont vrais ou faux.*

1. Suzanne vient de terminer ses études secondaires dans un lycée français.
2. Elle demande à la secrétaire les conditions d'admission au lycée.
3. Chaque élève français garde un carnet qui s'appelle le Livret Scolaire.
4. En France, les enfants commencent leurs études en Première et terminent leurs études en Onzième.
5. Il y a plusieurs programmes d'études au niveau de la Première.
6. La secrétaire examine le dossier et conseille à Suzanne de choisir la Section A.
7. La Section A est destinée surtout aux études des sciences économiques et des mathématiques.
8. Suzanne n'a pas de cours le mercredi et le samedi après-midi.
9. L'année scolaire commence le 15 septembre et se termine mi-juin.
10. Il faut remplir une demande d'inscription avant d'être admis au lycée.

C. *Exercices de lexique.*

1. Cherchez dans le texte les mots indiqués.

inscrire	→ (*nom*)	aimable	→ (*nom*)
demander	→ (*nom*)	possible	→ (*nom*)
étudier	→ (*nom*)	littérature	→ (*adjectif*)
renseigner	→ (*nom*)	philosophie	→ (*adjectif*)
rentrer	→ (*nom*)	langue, langage	→ (*adjectif*)
entrer	→ (*nom*)	économie	→ (*adjectif*)

2. Indiquez le mot qui n'appartient pas à chaque série.

mardi—midi—mercredi—samedi—dimanche
mathématiques—physique—chimie—plein air
deuxièmement—premièrement—naturellement—
  troisièmement
jour—monde—semaine—année—mois

D. *Complétez le passage suivant en utilisant le vocabulaire du texte.*

Je m'appelle Suzanne Robinson. J'ai dix-sept _____.
J'habite à _____ avec _____. Je _____ terminer mes _____
secondaires. Je vais maintenant à _____ française. Je suis dans
la classe _____, parce que la _____ de la *high school* _____
à peu près à la fin de la classe _____ du lycée. J'ai trois ou quatre
_____ tous les matins. Aujourd'hui c'est _____; j'ai un cours
de français, un cours d'espagnol et un cours de mathématiques.
Je n'ai pas de cours après _____.

E. *Parlons un peu des écoles secondaires aux États-Unis.*

1. Quel âge a-t-on quand on entre à l'école secondaire?
2. Quelle est la date de la rentrée?
3. Quelles sont les matières obligatoires?
4. En général, combien de cours a-t-on par jour?
5. Combien d'heures passe-t-on par jour à l'école?
6. A quelle heure commence le premier cours?
7. Quel mode de transport est-ce qu'on utilise pour aller à
    l'école?
8. Combien de jours de congé a-t-on par semaine?
9. Quelle est la durée des vacances de Noël?
10. Quand est-ce que l'année scolaire se termine?
11. A quel âge est-ce qu'on termine ses études?
12. Quelle est la durée de l'éducation obligatoire?

SEPTIÈME CHAPITRE

PRÉPARATION À LA LECTURE

1. Verbes du troisième groupe

rendre *to give back* (**se rendre compte** *to realize*)
je rends   nous rend**ons**
tu rends   vous rend**ez**
il rend   ils rend**ent**

2. L'impératif des verbes: la forme « tu »

Le *s* de la forme **tu** tombe si l'infinitif du verbe se termine en -*er*:

Tu **profites** de tes vacances.   (profiter)

   Profite de tes vacances!

Tu **vas** faire du ski.   (aller)

   Va faire du ski!

3. Les mois de l'année

janvier	*January*	juillet	*July*
février	*February*	août	*August*
mars	*March*	septembre	*September*
avril	*April*	octobre	*October*
mai	*May*	novembre	*November*
juin	*June*	décembre	*December*

Les dates sont toujours procédées par **le**:

C'est aujourd'hui **le** dix mai.

Today is May 10th.

4. Pronoms personnels toniques

On emploie les pronoms personnels toniques (*stressed*) (a) pour accentuer* un pronom sujet, ou (b) après une préposition:

a. **Moi,** je vais travailler.   I *am going to work.*
b. Je pars avec **eux.**   I *am leaving with them.*

je → **moi**	nous → **nous**
tu → **toi**	vous → **vous**
il → **lui**	ils → **eux**
elle → **elle**	elles → **elles**

■**5.** **Expressions à retenir**

venir de + inf. vs. **venir + inf.**   *to have just (done)* vs. *to come (in order) to do*

Il vient de nous rejoindre.

Il vient nous rejoindre.

° **profiter de, profiter que**   *to take advantage of, to take advantage of the fact that*

Je profite du temps libre pour voyager.

Je profite que mon père n'est pas à la maison.

❧ **se rattrapper en**   *to catch up in (with)*

Je me rattrappe en mathématiques.

❧**se rendre compte de (que)**   *to realize, to be aware of (that)*

Il ne se rend pas compte de notre difficulté.

Il ne se rend pas compte que je suis à Paris.

❧ **faire le pont**   *to take a long weekend*

Je vais faire le pont et rentrer à Paris dimanche.

huit jours, quinze jours   *a week, two weeks*

Les vacances commencent dans huit jours.

savoir + inf.   *to know how to*

Je ne sais pas faire du ski.

❧ **à vrai dire**   *to tell (you) the truth*

A vrai dire je ne sais pas faire du ski.

faire du ski (=skier)   *to ski*

Je fais du ski pendant les vacances.

avoir de la chance   *to be lucky*

❧ Tu as de la chance de partir en vacances; moi, je dois travailler!

6. Verbes irréguliers

L'INFINITIF	JE	NOUS	ILS
devoir (*to have to, must*)	dois	doivent	devons
dormir (*to sleep*)	dors	dorment	dormons
partir (*to leave*)	pars	partent	partons
savoir (*to know* [*how*])	sais	savent	savons

faire *to do, make*

je fais	nous faisons
tu fais	vous faites
il fait	ils font

Vivent les vacances!

Dans la cour du Lycée Janson de Sailly, Suzanne Robinson parle avec sa nouvelle amie française Anne-Marie Duverney.

Anne-Marie: Les vacances de Noël commencent dans *quinze jours*. Ce n'est pas trop tôt. Que comptes-tu faire pendant les
5   vacances?
Suzanne: Oh, pas grand-chose. Mes grands-parents* viennent nous rejoindre pour les fêtes, et moi je vais *profiter*† du temps libre pour *me rattraper en* maths et en français.
Anne-Marie: Quelle capacité* de travail vous avez, vous les
10   Américains! Pour moi les vacances sont une période* de détente, pour « se relaxer »* comme on dit.
Suzanne: D'accord, mais qu'est-ce que tu fais?
Anne-Marie: Je pars *faire du ski.*
Suzanne: Où ça?
15 Anne-Marie: En Haute-Savoie, à Mégève, chez mes grands-parents. J'y vais en train avec Maman,* ma sœur Claudine et mon frère Jean-Pierre.
Suzanne: Tu *as de la chance!* Mais ton père ne va pas avec vous?
Anne-Marie: Si, mais il va nous rejoindre plus tard en voiture.
20   Noël tombe un jeudi cette année. Il va donc *faire le pont* et va rentrer à Paris dans la nuit du dimanche à lundi. Tu aimes *faire du ski*, toi?

Voulez-vous apprendre à faire du ski?

Vivent les vacances!

Suzanne: *A vrai dire* je ne *sais* pas *faire du ski.*

Anne-Marie: Sans blague? On ne skie pas en Amérique?

25 → Suzanne: Si, mais *tu* ne *te rends* pas *compte* qu'aux États-Unis
il faut souvent parcourir de longues distances pour atteindre†
une station† de ski, il faut prendre l'avion, etc. Tout ça
revient très cher.

Anne-Marie: Eh bien, *profite que* tu es en France et va *faire du*
30 *ski.* C'est extra comme sport!* Tu peux même venir avec nous.

Suzanne: Je te remercie pour l'invitation.* Mais je ne peux pas
venir à Noël.

Anne-Marie: Bon, alors pendant les vacances de février.

Suzanne: Avec ta famille?

35 Anne-Marie: Non, je pars chaque année avec un groupe* de
jeunes de 16 à 20 ans. C'est plus amusant.

Suzanne: C'est cher?

Anne-Marie: Pas trop. Nous comptons 380 francs pour *huit jours.*

Suzanne: Tout compris?

40 Anne-Marie: Oui, oui. L'hôtel*, la nourriture et les remonte-
pentes sont inclus, et le voyage* bien entendu.

Suzanne: En autocar?

Anne-Marie: Penses-tu! En train. On part le vendredi soir, on
voyage* toute la nuit... inutile de te dire que malgré les
45 couchettes on ne dort pas. Vers cinq heures du matin, on
approche* des montagnes. Tout le monde est déjà debout
pour voir la première neige.

Suzanne: Ça doit être formidable†... mais l'équipement*?

Anne-Marie: Tu peux louer les bottes et les skis à la station.
50 Si tu veux, tu peux t'inscrire à l'école de ski, tous les matins
de neuf heures à midi, ensuite de deux heures à quatre
heures. Les moniteurs sont jeunes et très sympa... souvent ils
sont beaux!

Suzanne: Tout ce que tu me racontes là est très tentant. Et
55 qu'est-ce qu'on fait après le ski?

Anne-Marie: Après le ski, on prend une bonne douche bien
chaude et ensuite on dîne* tous ensemble au restaurant de
l'hôtel. Le soir on danse* jusqu'à dix heures et demie ou onze
heures. Pas trop tard parce qu'on doit se lever tôt le
60 lendemain pour *profiter du* soleil.

Suzanne: Tout ça doit être très marrant.

Anne-Marie: Bien sûr. Viens avec nous. Je vais t'apporter la brochure* demain.

VACANCES SCOLAIRES

Rentrée des classes ———	Le jeudi 15 septembre
Toussaint —————	Du samedi 28 octobre au soir
	Au jeudi 2 novembre au matin
Noël —————	Du jeudi 21 décembre au soir
	Au mercredi 3 janvier au matin
Février —————	Du samedi 17 février au soir
	Au lundi 26 février au matin
Pâques —————	Du mardi 10 avril au soir
	Au jeudi 26 avril au matin
Pentecôte —————	Du samedi 9 juin au soir
	Au jeudi 14 juin au matin
Grandes vacances ———	Du samedi 30 juin après les cours
	Au jeudi 13 septembre

NOTES

Titre: **vivent...!** hurray for . . . ! 1. **cour** courtyard. 2. **nouveau** new; **amie** (girl)friend. 4. **trop tôt** too soon, too early; **compter** to plan. 6. **pas grand-chose** not much. 7. **rejoindre** to join, to meet. 9. **vous les Américains** you Americans. 11. **détente** relaxation. 12. **d'accord** OK. 14. **où ca?** where? 15. **Mégève** *a town in the département of Haute-Savoie in the Alps, known for winter sports;* **chez** at the home of. 16. **j'y vais** I'm going there. 17. **frère** brother. 19. **si** yes (*used only in an affirmative answer to a negative question*). 20. **tomber** to fall (on). 21. **rentrer** get back; **aimer** to like. 24. **sans blague?** no kidding? 26. **parcourir** to cover; **atteindre** to reach. 27. **station de ski** ski resort. 28. **revenir très cher** to add up a lot (of money). 29. **eh bien** well. 30. **extra** (*from* **extraordinaire**) super; **même** even. 33. **bon** fine; **alors** then, in that case. 36. **jeunes** young people; **amusant** fun. 37. **cher** expensive. 38. **compter** to figure. 39. **compris** included. 40. **nourriture** food; **remonte-pentes** ski lift. 41. **inclus** included; **bien entendu** of course. 42. **autocar** bus. 43. **penses-tu!** of course not! 44. **inutile** useless; **dire** to tell; **malgré** in spite of. 45. **couchette** economy-class sleeper berth; **vers** toward, about. 46. **déjà** already; **debout** up. 47. **neige** snow. 48. **formidable** terrific. 49. **louer** rent; **botte** boot. 51. **ensuite** then. 52. **moniteur** instructor; **sympa** (*from* **sympathique**) friendly. 53. **beau** (*here*) handsome. 54. **tout ce que** everything (lit. all that which);

raconter to tell; **là** there; **tentant** tempting. 56. **douche** shower;
bien chaud very hot. 57. **dîner** to have dinner; **tous ensemble**
(everyone) together. 58. **le soir** in the evening. 60. **lendemain** next
day; **soleil** sun. 61. **marrant** lots of fun. 62. **bien sûr** of course;
apporter to bring. 63. **demain** tomorrow.

Vacances scolaires: **Toussaint** All Saints Day; **Pâques** Easter;
Pentecôte Pentecost, Whitsuntide.

EXERCICES

A. *Répondez aux questions suivantes.*

1. Qui est Anne-Marie Duverney?
2. Qu'est-ce que Suzanne va faire pendant les vacances?
3. Qu'est-ce qu'Anne-Marie va faire?
4. Avec qui va-t-elle partir?
5. Quand est-ce que son père va rentrer à Paris?
6. Pourquoi va-t-il faire le pont?
7. En Amérique est-il facile d'atteindre les stations de ski?
8. Pourquoi Suzanne ne peut-elle pas partir avec la famille d'Anne-Marie?
9. Avec qui est-ce qu'Anne-Marie va voyager en février?
10. Combien coûte ce voyage?
11. Où est-ce qu'on peut louer l'équipement de ski?
12. Que fait-on après le ski?

B. *Indiquez si les commentaires suivants sont vrais ou faux.*

1. Anne-Marie attend avec impatience les vacances de Noël.
2. Suzanne va passer les vacances avec ses parents et ses grands-parents.
3. Anne-Marie va chez ses grands-parents avec sa mère, son frère et sa sœur.
4. En France, il faut souvent parcourir de grandes distances pour aller faire du ski.
5. Chaque février Anne-Marie fait du ski avec un groupe de jeunes gens.
6. Le voyage d'Anne-Marie coûte 380 francs, tout compris, pour huit jours.
7. On va voyager pendant la nuit pour atteindre la station de ski.
8. D'après Anne-Marie, on peut louer l'équipement de ski à la station.

9. D'après Anne-Marie, l'école de ski dure (*lasts*) huit heures chaque jour.

10. Si on veut profiter du soleil, on ne doit pas se lever trop tôt.

C. *Exercices de lexique.*

1. Trouvez le mot qui n'appartient pas à chaque série.

train—voiture—pont—avion—autocar
père—frère—mère—sœur—amie
mars—juin—mais—juillet—août
aller—dormir—sortir—partir—venir
amusant—formidable—extra—libre—marrant

2. Trouvez dans le groupe A l'antonyme des mots du groupe B.

A	B
difficile, tôt, été, vieux, froid, peu, partir, venir, minuit, fin, séparément	début, trop, chaud, aller, rentrer, hiver, tard, facile, ensemble, midi, jeune

3. Voici quelques «faux amis». Donnez l'équivalent anglais de chaque phrase.

L'élève garde son carnet.
Elle va remplir la demande d'inscription.
Le professeur inscrit la note.
Il atteint la station de ski.

D. *Complétez le paragraphe suivant en utilisant le vocabulaire du texte.*

Les vacances de février _____ dans quelques _____. Je pars _____ du ski avec _____ de jeunes gens. On _____ toute la nuit et malgré les couchettes on ne _____ pas beaucoup. Je vais _____ à l'école de ski parce que je ne _____ faire du ski. Les _____ sont _____, _____ et très sympa. Après le ski, on prend _____ et _____ ensemble au restaurant. Après le repas, on danse _____ onze heures. Le ski, c'est _____ comme sport! Et le voyage n'est pas trop _____ —seulement 380 francs, tout compris pour huit jours. Vivent _____!

E. *Parlons un peu de vos vacances.*

1. Quand est-ce que les vacances de «Thanksgiving» commencent? Combien de temps durent-elles?

2. Combien de temps est-ce que les vacances de Noël durent? Que comptez-vous faire pendant les vacances?

3. Y a-t-il de petites vacances entre la fin du premier trimestre (*semester*) et le début du deuxième?

4. Combien de temps durent les vacances de Pâques? Avez-vous des vacances à la Pentecôte?

5. Quand est-ce que les vacances d'été commencent? Combien de temps durent-elles? Qu'est-ce que vous allez faire? Quand est-ce qu'elles se terminent?

HUITIÈME CHAPITRE

PRÉPARATION À LA LECTURE

1. Le futur

Verbes réguliers: on ajoute les terminaisons **-ai, -as, -a, -ons, -ez** et **-ont** à l'infinitif:

parler

je parler**ai**	nous parler**ons**
tu parler**as**	vous parler**ez**
il parler**a**	ils parler**ont**

Verbes irréguliers dans le texte:

L'INFINITIF	LA RACINE (*root*) DU FUTUR
avoir	aur-
être	ser-
aller	ir-
pouvoir	pourr-
voir	verr-
vouloir	voudr-

■2. L'adverbe pronominal « y »

y remplace des expressions adverbiales de lieu (*place*).

Il va **au magasin.** → Il **y** va.
Elle est **chez le boucher.** → Elle **y** est.

■3. Adverbes de quantité

Les adverbes qui indiquent une quantité prennent **de** + **nom** au sens partitif:

beaucoup de vin	*a lot of wine*
trop de préparation	*too much preparation*
un peu de sel	*a little salt*
moins de poivre	*less pepper*
plus de pain	*more bread*

■**4. Emploi de « comme »**

Dans une phrase exclamative:

Comme le temps passe vite! *How quickly time goes by!*

Préposition:

Je l'achèterai **comme** l'autre jour. *I'll buy it like (I did) the other day.*

On a des fruits **comme** dessert. *We have fruit for (as) dessert.*

■**5. La négation**

Il **ne** parle **jamais.** *He never speaks.*

Il **n'**oublie **rien.** *He forgets nothing.*

6. **Omission des prépositions locatives**

On supprime (*eliminates*) souvent la préposition **à** et l'article défini après **être** et **aller.**

Je suis (à la) place Vendôme. *I'm at the Place Vendôme.*

Je vais (à la) rue Vaugirard. *I am going to rue Vaugirard.*

■**7. Expressions à retenir.**

à haute voix *aloud, loudly*
Elle parle à haute voix.

quand même *any way, at any rate*
Il faut quand même admettre que ces produits sont meilleurs.

peu importe *it matters little, it doesn't matter*
Peu importe pour les conserves.

se demander *to wonder*
Je me demande si les magasins sont fermés.

ça ira *it will do, it will be OK*
Est-ce assez? —Oui, ça ira pour nous deux.

si + adjectif *so + adjective*
Cet étudiant est si intelligent!

d'habitude *usually*
Le pâtissier a d'habitude de bonnes tartes.

8.   Verbes irréguliers

L'INFINITIF	JE	NOUS	ILS
boire (*to drink*)	bois	buvons	boivent
écrire (*to write*)	écris	écrivons	écrivent

L'appétit* vient en mangeant[1]

1   Madame Dupont est assise à sa table* de cuisine. Elle écrit et pense *à haute voix:*

   Comme le temps passe* vite! Aujourd'hui c'est dimanche et la visite* des beaux-parents.† Je *n'*ai *jamais* de repos, il y a
5 toujours quelque chose à faire! Quelle heure est-il? Je dois me dépêcher; les magasins† ferment à une heure et il est déjà dix heures et demie. Heureusement, il y aura bientôt un supermarché dans le quartier.† Ça sera tellement plus facile. Fini de courir d'un magasin à l'autre! Il faut *quand même* admettre* que si
10 les produits* sont plus chers chez les petits commerçants, ils y sont meilleurs. Jean voudra probablement* que je continue* à y aller pour la viande et les légumes; *peu importe* pour les conserves. Enfin, le problème* ne se pose pas pour le moment.* Pour l'instant† je dois faire ma liste* et sortir.
15   Il *n'*y a presque *rien* à la maison. Je passerai d'abord chez le boucher rue Vaugirard. Un bon gigot d'agneau d'un kilo* et demi, *ça ira* pour nous quatre et les enfants. Le gigot ne demande† pas *trop de* préparation,* *un peu d'*ail, et une pincée de sel et de poivre et hop! au four.† Si je mets le gigot à une
20 heure moins le quart on pourra se mettre à table* à une heure et demie. Bon, la liste... A l'épicerie, 250 grammes* de beurre, un litre* de lait et quatre bouteilles d'Évian pour les enfants et grand-père. Tiens, je *me demande†* comment va son foie. Il dit qu'il boit *moins de* vin et *plus d'*Évian maintenant.
25   Ah, zut, il est presque onze heures! Le primeur a de très beaux fruits* et légumes. Une bonne laitue bien tendre,* des haricots verts et des pommes de terre nouvelles. Je verrai com-

1. Vieux proverbe français.

ment sont les pommes. Si elles ne sont pas bonnes, je prendrai des poires et quelques garppes† de raisin† *comme* l'autre jour.

30 Puis je passerai chez le charcutier pour un bon pâté de campagne. Ensuite à la crémerie de la rue Poincaré pour un camembert* et un morceau de brie* ou de gruyère.* Jean choisira le vin. On peut prendre un rosé* pour arroser le pâté et un Beaujolais pour aller avec le gigot. Jean pourra aussi passer à la boulangerie

35 du coin. Cela m'évitera de porter les baguettes; elles sont *si* encombrantes! Le pâtissier a *d'habitude* de bonnes tartes le dimanche. *Comme* dessert* on pourra avoir une tarte aux cerises ou aux pommes. Voyons, combien d'argent est-ce que j'ai dans mon porte-monnaie? Cent cinquante francs, c'est tout juste.

40 *N'*oublions *rien*: porte-monnaie, liste, sacs à provisions, clefs de l'appartement. Bon, allons-y.

MENU DU DIMANCHE

Pâté de campagne	Rosé Côtes de Provence
Gigot d'agneau	Beaujolais 1973
Haricots au beurre	
Pommes de terre	
Laitue (sauce† vinaigrette)	
Fromages	
Tarte aux cerises	
Fruits	
Café	
Liqueur*	

RECETTE: SAUCE† VINAIGRETTE À L'AIL

1 gousse d'ail
1 cuillère à café de moutarde
1 cuillère à soupe de vinaigre
2 cuillères à soupe d'huile
sel et poivre

Couper l'ail en petits morceaux. Ajouter 2 pincées de sel. Écraser le tout avec une cuillère en bois jusqu'à ce que l'ail et le sel se transforment en pâte très molle. Ajouter la moutarde, le vinaigre et l'huile. Battre le tout avec une fourchette. Une fois que la sauce† est bien mélangée, verser sur la salade.*

Chez le boulanger du coin.

Le supermarché est pratique.

Déjeuner en famille.

NOTES

Titre: **en mangeant** while eating   1. **assis** seated;   **table de cuisine**
kitchen table.   3. **vite** quickly.   4. **beau-parent** parent-in-law;   **repos**
rest.   5. **toujours** always;   **quelque chose** something;   **quelle**
heure what time;   **se dépêcher** to hurry.   6. **magasin** store;   **fermer**
to close.   7. **heureusement** fortunately;   **bientôt** soon;   **supermarché**
supermarket.   8. **tellement** so much;   **fini de** it will no longer be
necessary (lit. finished);   **courir** to run.   9. **si** if.   10. **commerçant**
merchant.   11. **meilleur** better.   12. **viande** meat;   **légume** vegetable.
13. **conserve** can, canned food;   **enfin** oh well (lit. finally).   14. **pour**
l'instant for now.   15. **d'abord** first.   16. **chez** by (lit. at the shop of);
boucher butcher;   **gigot d'agneau** leg of lamb.   18. **ail** garlic;
pincée pinch.   19. **sel** salt;   **poivre** pepper;   **hop! au four** into the
oven it goes!   20. **moins le quart** a quarter to (of);   **se mettre à table**
to sit down at the table.   21. **épicerie** grocery store;   **beurre** butter;
22. **lait** milk;   **bouteille** bottle;   **Évian** *a very popular brand of mineral*
water bottled in Évian.   23. **tiens** well;   **comment va son foie** how his
liver is (*many older French people complain of liver ailments, which may be*
attributable to long years of wine drinking).   24. **maintenant** now.
25. **zut!** shucks!;   **primeur** produce merchant.   26. **laitue** lettuce.
27. **haricots verts** green beans;   **pomme de terre** potato   28. **pomme**
apple.   29. **poire** pear;   **grappe** bunch (*of grapes*);   **raisin** grape(s).
30. **puis** then;   **charcuitier** pork-butcher;   **pâté de campagne** country-
style liver pâté.   31. **crémerie** dairy;   **camembert** *very soft type of*
Normandy cheese.   32. **brie** *soft cheese from Brie*;   **gruyère** Swiss
cheese.   33. **prendre** to pick up (lit. take);   **pour arroser le pâte** to
drink with (lit. to water) the pâté.   34. **boulangerie** bakery.   35. **coin**
corner;   **éviter de** to spare (someone) from;   **porter** to carry;
baguette long thin loaf of French bread.   36. **encombrant** cumbersome;
pâtissier baker;   **tarte** open-face pie.   37. **cerise** cherry;   38. **voyons**
let me see (lit. let's see);   **argent** money.   39. **porte-monnaie** purse,
wallet;   **tout juste** just right.   40. **sac à provisions** shopping bag;   **clef**
key;   41. **allons-y** let's go.

Menu: **sauce vinaigrette** vinegar and oil dressing;   **café** coffee.
Recette: **recette** recipe;   **gousse** clove (*of garlic*);   **cullière à café**
teaspoon;   **moutarde** mustard;   **cuillère à soupe** soupspoon;   **vinaigre**
vinegar;   **écraser** to crush;   **bois** wood;   **jusqu'à ce que** until;   **pâte**
paste;   **mou** (*fem.* **molle**) soft;   **battre** to beat;   **fourchette** fork;
une fois que once;   **mélanger** to mix;   **verser** to pour.

EXERCICES

A.   *Répondez aux questions suivantes.*

1.   Où est Madame Dupont en ce moment?
2.   Quel jour est-ce?

3. Comment sont les produits chez les petits commerçants?
4. Qu'est-ce que Madame Dupont doit faire?
5. Où ira-t-elle d'abord?
6. Où achètera-t-elle du beurre et du lait?
7. Où achètera-t-elle des légumes?
8. Où ira-t-elle pour acheter du pâté?
9. Qu'est-ce qu'elle achètera chez le crémier?
10. Qu'est-ce que son mari va acheter?
11. Qu'est-ce qu'on aura comme dessert?
12. Combien d'argent Madame Dupont a-t-elle?

B. *Indiquez si les commentaires suivants sont vrais ou faux.*

1. D'après Madame Dupont, elle n'a rien à faire le dimanche.
2. Madame Dupont doit aller dans plusieurs magasins avant une heure.
3. Les produits sont plus chers chez les petits commerçants qu'au supermarché.
4. Madame Dupont ira d'abord à la boucherie.
5. Elle achètera du beurre et du lait chez le primeur.
6. Elle achètera de l'eau minérale chez l'épicier.
7. Elle ira chez le crémier pour un bon pâté de campagne.
8. Elle demandera à son mari d'aller chez le boulanger.
9. On servira un Beaujolais avec le pâté de campagne.
10. Il est presque midi quand Madame Dupont finit sa liste et sort de l'appartement.

C. *Exercices de lexique.*

1. Mettez chaque verbe au futur.

   Il peut sortir.   Vous êtes chez le boucher.
   Elle arrive à midi.   Il va à l'épicerie.
   Je choisis le vin.   Tu veux parler.
   Nous voyons un film.   On parle français.

2. Transformez les expressions suivantes d'après le modèle.

   chez le pharmacien → à la pharmacie

   chez l'épicier   chez le charcutier
   chez le boucher   chez le crémier
   chez le boulanger

3. Trouvez le mot qui n'appartient pas à chaque série.

   viande—légume—fruit—bouteille
   boucher—arroser—primeur—charcutier

poivre—sel—mieux—ail—vinaigre
poire—cerise—pomme—laitue—raisin
pour—beaucoup—trop—peu—plus
beurre—fromage—lait—four

D. *Complétez le passage suivant en utilisant le vocabulaire du texte.*

Madame Dupont ira chez _____ pour acheter de la viande.
Elle achètera un bon gigot _____. Le gigot ne demande pas
_____ préparation. Ensuite elle passera chez _____ et _____
du beurre, du lait et quelques _____ d'eau minérale. Elle verra
comment sont les fruits chez _____. Pour le fromage elle ira
chez _____ de la rue Poincaré. _____ choisira _____ et ira
à la boulangerie. On servira des tartes _____ cerises _____
dessert. Madame Dupont a toujours _____ à faire; elle n'a
jamais _____!

E. *Le menu*

1. Regardez le menu et indiquez où on va pour acheter chaque
    produit mentionné.
2. Qu'est-ce qu'on va servir comme hors d'œuvre? comme
    viande? comme dessert?
3. Avec quoi va-t-on servir le rosé? et le Beaujolais?
4. Quels sont les produits utilisés* pour faire une sauce mayon-
    naise? (jaune d'œuf,...)
5. Avez-vous une recette préférée (*favorite*)? Donnez cette
    recette.

NEUVIÈME CHAPITRE

PRÉPARATION À LA LECTURE

1. Le passé composé

Le passé composé, qui exprime le passé, se compose d'un auxiliaire (**avoir** ou **être**) et **du** participe passé. La plupart des verbes se conjuguent avec l'auxiliare **avoir**:

j' **ai** parlé	nous **avons** parlé
tu **as** parlé	vous **avez** parlé
il **a** parlé	ils **ont** parlé

Certains verbes qui expriment le mouvement se conjuguent avec l'auxiliaire **être**. Le participe passé s'accorde avec le sujet:

je **suis** parti(e)	nous **sommes** parti(e)s
tu **es** parti(e)	vous **êtes** parti(e)(s)
il **est** parti	ils **sont** partis
elle **est** partie	elles **sont** parties

D'autres verbes qui se conjugent avec l'auxiliaire **être**:

aller → **allé**	monter → **monté**
venir → **venu**	descendre → **descendu**
sortir → **sorti**	partir → **parti**
entrer → **entré**	arriver → **arrivé**
retourner → **retourné**	repartir → **reparti**
revenir → **revenu**	rester → **resté**

La formation du participe passé:

L'INFINITIF	LE PARTICIPE PASSÉ
parler	**parlé** (verbes réguliers)
finir	**fini** (verbes réguliers)
rendre	**rendu** (verbes réguliers)
comprendre	**compris**

être	**été**
faire	**fait**
falloir (il faut)	**fallu**
pouvoir	**pu**
plaire	**plu**

2.   Les adverbes « si » et « bien »

L'adverbe **si** devant un adjectif ou un adverbe correspond à *such* ou *so* en anglais:

Paris est une **si** belle ville   *Paris is such a beautiful city.*

J'ai **si** peu de temps!   *I have so little time!*

L'adverbe **bien** devant un adjectif ou un adverbe est un équivalent de **très:**

Ces routes sont **bien** sinueuses.   *These roads are very (indeed) curvy.*

■3.   Expressions de quantité (voir le chapitre 8)

combien de fois	*how many times, how often*
tant de châteaux	*so many castles*
peu de temps	*little time*

4.   Le participe présent

Pour former le participe présent, on ajoute **-ant** à la racine de la forme **nous** du présent de l'indicatif. La forme **-ant** correspond souvent à la forme *-ing* de l'anglais.

L'INFINITIF	LA FORME **nous**	LE PARTICIPE PRÉSENT
venir	venons	venant
parler	parlons	parlant
finir	finissons	finissant

La voiture **venant de la droite...**   *The car coming from the right...*

Le spectacle **racontant** les événements...   *The show relating the events...*

■5.   Expressions à retenir

appartenir à   *to belong to*
Ce carnet appartient à Frank Stanton.

avoir l'air + adjectif   *to seem*

Tout a l'air bien facile.

faire bien de + inf. *to do well to*
Il a bien fait de me prévenir.

n'importe quel(le)(s) + nom *no matter what, any*
Il faut ralentir à n'importe quel croisement.

◈ **bien des + nom (au pluriel)** beaucoup de
J'ai évité bien des accidents.

◔ **il faut... à quelqu'un pour + inf.** *someone needs... in order to...*
Il nous faut dix heures pour y aller.

en fin de compte *all things considered, all in all*
En fin de compte, il nous a fallu trop de temps.

garder à jour *to keep (something) up to date*
Je n'ai pas pu garder mon carnet à jour.

se souvenir de *to remember*
Je me souviens toujours de ce voyage.

avoir lieu *to take place*
Des événements tragiques ont eu lieu dans ce château.

en tout cas *in any case, anyhow*
En tout cas, je retournerai un jour à Paris.

en avoir marre de *to have had enough of, to be sick and tired of*
J'en ai marre des voitures!

à l'heure *on time*
Les trains sont presque toujours à l'heure.

peut-être *perhaps, maybe*
Je rencontrerai peut-être quelqu'un d'intéressant.

faire de l'auto-stop *to hitchhike*
Je ferai de l'auto-stop comme tout le monde.

6. Verbes irréguliers

L'INFINITIF	JE	NOUS	ILS
découvrir (*to discover*)	découvre	découvrons	découvrent
devenir (*to become*)	deviens	devenons	deviennent

L'INFINITIF	LA RACINE DU FUTUR
faire	fer-
falloir	faudr-
se souvenir	se souviendr-

Carnet de voyage

Ce carnet *appartient* à Frank Stanton. En cas* de perte, vous êtes prié de l'envoyer à l'adresse* suivante. Tous frais seront remboursés.*

　324 East Liberty Street

5　　Ann Arbor, Michigan 48103

　U.S.A.

Paris, lundi le 16 août

　Ouf! Me voilà libre enfin. Adieu père, mère, et sœur. Notre petit voyage « en famille » est finalement terminé et les parents sont

10　repartis avec Evelyne ce matin aux États-Unis. A l'heure actuelle† ils survolent l'Angleterre. Quel voyage! A quatre dans une minuscule Renault 4 pendant huit jours! Quand on regarde la carte† routière de France, tout *a l'air* bien facile. On ne se rend pas compte que ces routes sont souvent de petites routes† de campagne

15　qui zigzaguent* à travers le centre des villages.* *Combien de* fois il a fallu freiner soudainement pour éviter des motos, des charrettes, des vaches et des piétons sur la route et *combien de* fois il a fallu ralentir pour passer dans des rues paisibles mais bien étroites et sinueuses! Le garagiste qui m'a loué la voiture *a bien fait de*

20　me prévenir† qu'à *n'importe quel* croisement, la voiture venant de la droite a priorité†; il m'a évité *bien des* accidents.* *En fin de compte, il nous a fallu* beaucoup plus de temps *pour* parcourir les kilomètres prévus. J'ai été si occupé que je n'ai même pas pu *garder†* ce carnet *à jour*.

25　　Les pays de la Loire m'ont beaucoup plu. Je *me souviendrai* toujours *des* vieux quartiers de ces villes anciennes* où on découvre* à chaque pas des maisons du Moyen Age si pittoresques et si bien restaurées.* Inutile de dire à quel point* les ma-

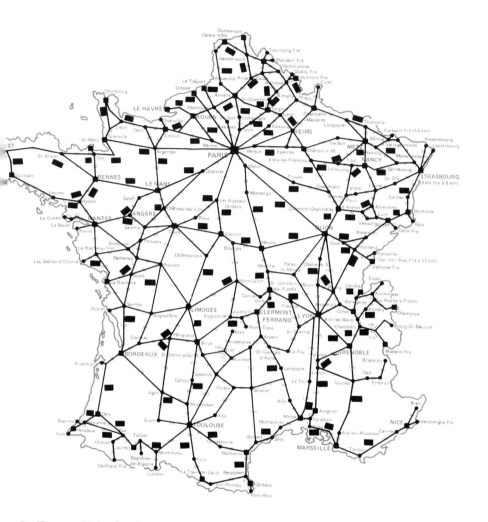

La France: Voies ferrées (Distances en kilomètres).

gnifiques châteaux de la Loire ont plu à mes parents et surtout à
30 Evelyne—Azay-le-Rideau, Blois, Chambord, Chenonceaux, Che-
verny, Ludes—il est impossible d'apprécier* *tant de* châteaux en
si *peu de* temps! Je ne sais toujours pas si je préfère* la finesse du
château de Chenonceaux qui semble flotter* sur l'eau, ou l'im-
posante structure* du château de Chambord avec son toit
35 gothique.* Ce qui m'a impressionné,* c'est surtout le spectacle†
« Son et Lumière » à Blois racontant les événements—souvent
tragiques* et sanglants—qui *ont eu lieu* dans ce château royal.*
En tout cas, il faudra bien que je retourne* un jour revoir cette
magnifique région.
40   A présent il faut que j'organise* mon voyage à moi. *J'en ai
marre des* voitures! D'abord c'est trop cher; avec l'essence† à
deux francs dix le litre,* les frais de location† et les frais de
péage sur l'autoroute, etc., j'aurai vite dépensé l'argent que j'ai
économisé† l'été dernier. Et puis, c'est trop fatigant, surtout au
45 mois d'août quand il y a *tant d'*estivants français et de touristes
étrangers sur les routes. Demain, je demanderai à une agence* de
voyage quel est le moyen le plus pratique* et le moins cher pour
descendre* dans le Midi. Voilà ce qu'*il me faut!* La Provence
avec son vin rosé et ses belles filles et, ensuite, la Riviera avec ses
50 plages et ses monokinis....

Mardi, le 17 août
     J'ai compris. La façon la plus économique et la plus commode
de voyager en France, c'est par le chemin de fer. Les trains sont
relativement bon marché, très fréquents* et presque toujours *à
55 l'heure.* Quand on regarde le réseau des chemins de fer, il devient
encore plus évident* à quel point Paris est le cœur de la France.
Toutes les grandes lignes passent par Paris et quand on voyage
d'une grande ville à l'autre, il faut souvent retourner à la capitale
pour changer* de train. Je ne voyagerai pas, naturellement, en
60 première classe*; c'est la classe des riches, des vieux et des
adultes* avec enfants. Je voyagerai en seconde.* J'aurai moins
de place et les sièges seront moins confortables*; mais c'est une
économie de 50%. J'ai payé* deux francs de supplément† pour
réserver* une place* près de la fenêtre. A la gare j'ai remarqué
65 qu'il y a toutes sortes* de tarifs réduits—pour les étudiants,
les militaires, les familles avec enfants, les voyageurs en
groupe, etc. Voilà un avantage* quand les chemins de fer *ap-*

Le château de Chenonceaux semble flotter sur l'eau.

Les adieux.

partiennent à l'état! Par contre, rien de semblable chez Air-Inter, la ligne aérienne pour vols intérieurs.† Le vol Paris-Nice, le par-
70   cours le plus fréquenté, est aussi le plus cher. Je préfère prendre le train et économiser 150 francs. Le voyage durera dix heures, mais je ne suis pas trop pressé et je rencontrerai *peut-être* quel-qu'un d'intéressant.* Une fois sur la côte, je *ferai de l'auto-stop*† comme tout le monde. Bon, demain je pars à l'aventure!*

NOTES

Beginning with this lesson an increasing number of vocabulary items will be defined in French.

1. **perte** loss.   2. **vous êtes prié** please (lit. you are asked); **l'envoyer** to send it; **frais** expense.   8. **ouf!** phew! (*sigh of relief*); **me voilà** here I am; **enfin** = finalement; **adieu** good-bye.   10. **à l'heure actuelle** = en ce moment.   11. **survoler** = voler (*to fly*) sur; **miniscule** = très petit.   12. **Renault 4** = *une voiture plus petite que la Volkswagon;* **carte routière** = carte (*map*) qui montre les routes (*roads*).   15. **à travers** across.   16. **freiner** to step on the brake; **soudainement** = d'une manière soudaine (*sudden*); **éviter** to avoid; **moto** motorcycle; **charrette** cart.   17. **vache** cow; **piéton** = personne qui va à pied.   18. **ralentir** = aller plus lentement; **paisible** peaceful; **étroit** = contraire de *large*.   19. **sinueux** having many turns and curves; **garagiste** = personne qui tient un garage; **louer** to rent; **voiture** = automobile.   20. **prévenir** to warn; **croisement** intersection.
21. **priorité** right-of-way; **il m'a évité** he (has) saved me from.
23. **prévu** planned (lit. foreseen); **occupé** = contraire de *libre*.   25. **plu** = *le participe passé du verbe* **plaire (à)** (*to please*).   27. **pas** step; **Moyen Age** Middle Ages; **pittoresque** picturesque.   32. **finesse** refined delicacy.   33. **sembler** = avoir l'air (de); **eau** water; **imposant** impressive.   34. **toit** roof.   35. **spectacle** show.
36. **« Son et Lumière »** *narration of historical events with hidden multicolored lighting and sound effects;* **événement** event.   37. **sanglant** bloody.   38. **un jour** = un de ces jours; **revoir** to see again.   40. **à présent** = maintenant; **mon voyage à moi** my own trip.   41. **essence** gasoline.   42. **location** = action de louer.   43. **péage** toll; **autoroute** freeway; **dépenser** to spend (*money*).   44. **économiser** to save; **dernier** last; **fatigant** tiring.   45. **estivant** summer vacationer.
47. **moyen** means; **moins** = contraire de *plus*.   48. **le Midi** = *le sud de la France;* **voilà ce qu'il me faut!** that's what I need!   50. **plage** beach; **monokini** *topless bathing suit.*   52. **façon** way, manner; **commode** convenient.   53. **chemin de fer** railroad.   54. **bon marché** = contraire de *cher*.   55. **réseau** network.   61. **moins de** = contraire de

plus de; 62. **siège** seat. 63. **économie** saving; **supplément** surcharge, extra charge. 64. **fenêtre** window. 65. **tarif réduit** reduced rate. 68. **semblable** similar; **chez** (*here*) with. 69. **aérien** = de l'air; **vol** flight (*cf.* **voler,** to fly); **intérieur** = domestique, à l'intérieur du pays; **parcours fréquenté** popular route. 71. **durer** to last. 72. **pressé** in a hurry; **rencontrer** to meet; **quelqu'un** someone. 73. **une fois** once.

EXERCICES

A. *Répondez aux questions suivantes.*

1. Comment est-ce que la famille Stanton a voyagé en France?
2. Pourquoi a-t-il fallu freiner soudainement?
3. Qu'est-ce que le garagiste a dit à Frank?
4. Pourquoi Frank n'a-t-il pas pu garder son carnet à jour?
5. Comment sont les maisons qui datent du Moyen Age?
6. Qu'est-ce que le spectacle « Son et Lumière » raconte?
7. Pourquoi Frank ne veut-il pas louer une voiture?
8. Pourquoi ira-t-il à une agence de voyage?
9. Pourquoi Frank va-t-il prendre le train?
10. Par où faut-il souvent passer si on va d'une grande ville à l'autre?
11. Pourquoi Frank va-t-il voyager en seconde?
12. Quelles phrases indiquent que Frank ne veut pas dépenser trop d'argent pour son voyage?

B. *Indiquez si les commentaires suivants sont vrais ou faux.*

1. Les parents de Frank Stanton viennent de repartir aux États-Unis.
2. On peut aller très vite quand on voyage sur les routes de campagne.
3. En France, à n'importe quel croisement, la voiture qui vient de la gauche a priorité.
4. La famille Stanton a visité beaucoup de châteaux du pays de la Loire.
5. D'après Frank, il faut beaucoup de temps pour bien apprécier ces beaux châteaux.
6. Frank a probablement travaillé l'été dernier pour gagner de l'argent.
7. Il est probable, d'après le carnet de Frank, que le Midi attire beaucoup de jeunes gens en été.

8. Paris est le centre du réseau des chemins de fer en France.
9. En première classe, on a plus de place et les sièges sont plus comfortables qu'en seconde.
10. Le voyage en train entre Paris et Nice coûte beaucoup plus cher que le voyage en avion.

C. *Exercices de lexique.*

1. Mettez chaque verbe au passé composé.

Il restaure la maison.	Il dépense son argent.
Il comprend la question.	Il voyage en seconde.
Il peut sortir.	Il est très occupé.
Il plaît à Frank.	Il repart.

2. Cherchez dans le texte les mots indiqués.

liberté	→ (*adjectif*)	parcourir	→ (*nom*)
route	→ (*adjectif*)	impression	→ (*verbe*)
paix	→ (*adjectif*)	économie	→ (*verbe*)
fin	→ (*nom*)	voyage	→ (*verbe*)
louer	→ (*nom*)	lent	→ (*verbe*)

3. Trouvez dans le groupe B l'antonyme des mots du groupe A.

A	B
large, possible, comique, moins, gauche, grand, beaucoup, cher, jeune, économiser, garçon, ancien, lentement, enfant	fille, plus, droite, vieux, dépenser, rapide, petit, impossible, peu, tragique, adulte, étroit, moderne, coûter, bon marché, trop, vite, voiture

4. Cherchez dans le texte les mots qui sont définis ici.

1. ville principale d'un pays
2. personne qui voyage
3. endroit où deux routes se rencontrent
4. très petit
5. à présent, en ce moment
6. avoir l'air
7. qui n'a pas beaucoup de temps
8. qui coûte beaucoup d'argent
9. possiblement
10. période entre la fin de l'empire romain et le début de la Renaissance
11. personne qui marche, qui va à pied

D. *Complétez le passage suivant en utilisant le vocabulaire du texte.*

Voulez-vous _____ en France? Vous pouvez _____ une
petite voiture. Mais je vous préviens que _____ coûte beaucoup
en Europe. D'ailleurs, les routes de campagne sont souvent _____
et _____, et au mois d'août _____ trop de touristes français
et étrangers sur _____. Le moyen le plus _____ de voyager,
c'est par _____. Les trains sont _____ et presque toujours
_____. Si vous voyagez en _____, vous trouverez que les
sièges sont _____ et que vous avez _____ place qu'en seconde.
Si vous êtes très pressé, c'est-à-dire si vous avez très _____
temps, vous pourrez prendre _____. C'est plus _____ que le
voyage en train, mais c'est le moyen de transport le plus _____.

DIXIÈME CHAPITRE

PRÉPARATION À LA LECTURE

1. L'imparfait de l'indicatif

L'imparfait présente un fait (*fact*) ou une action qui a duré un certain laps (*space*) de temps dans le passé. L'anglais exprime souvent la même idée par la construction *was* (*were*) *doing* ou *used to do*. La racine de l'imparfait est la même que la racine de la forme **nous** du présent de l'indicatif:

parler → parlons → **parl-**
finir → finissons → **finiss-**
vendre → vendons → **vend-**
vouloir → voulons → **voul-**

je parl**ais**	nous parl**ions**
tu parl**ais**	vous parl**iez**
il parl**ait**	ils parl**aient**

La seule exception est le verbe **être**:

être → sommes → ét-

j'étais	nous étions
tu étais	vous étiez
il était	ils étaient

■2. L'adverbe « peu »

Peu devant un adjectif ou un adverbe suggère l'idée de la négation et correspond souvent au préfixe anglais *un-* ou l'adverbe *hardly*:

peu intéressant   *uninteresting*
peu courant   *hardly current, hardly up to date*

3. La formation des adverbes

Si un adjectif au masculin se termine en **-ant** ou en **-ent,** l'adverbe correspondant a la terminaison en *-amment* ou en *-emment*s

abondant → abondamment	*abundantly*
constant → constamment	*constantly*
récent → récemment	*recently*
évident → évidemment	*evidently*

■4. Expressions à retenir

● **il y a... que** *it has been . . . since*

Il y a trois mois que je suis arrivé en France.

s'habituer à *to become used to*

Je m'habitue à la vie française.

au troisième *on the fourth floor*[1]

L'appartement se trouve au troisième (étage).

en fait *as a matter of fact, in fact*

En fait, cet immeuble est très moderne.

il suffit de *it suffices, one has only to*

L'immeuble n'est pas moderne; il suffit de visiter la salle de bains.

aussi... que *as . . . as*

La salle de bains est aussi grande que la chambre principale.

● **donner sur** *to look out on*

Les portes-fenêtres donnent sur la rue.

c'est dommage *it's a pity*

Je ne peux pas avoir cette chambre; c'est dommage!

au contraire *on the contrary*

Vous pensez que je suis dans ma chambre; au contraire je suis dans un café.

d'ailleurs *besides*

C'est du café du coin, d'ailleurs, que je vous écris maintenant.

tenir à *to value, to prize*

Les Français tiennent beaucoup à leur café de quartier.

● **dès que** *as soon as*

Je descends au café dès que j'ai un moment de libre.

---

1. The first (ground) floor is **le rez-de-chaussée** and the second floor is **le premier;** hence the fourth floor is **le troisième.**

à tour de rôle   *by turns, one after another*

Les amis s'embrassent sur les deux joues à tour de rôle.

faire le tour de   *to go around*

Le vendeur fait le tour des tables.

5.   Verbes irréguliers

L'INFINITIF	JE	NOUS	LE PARTICIPE PASSÉ
apprendre (*to learn*)	apprends	apprenons	appris
connaître (*to know*)	connais	connaissons	connu
croire (*to believe*)	crois	croyons	cru
paraître (*to appear*)	parais	paraissons	paru
suivre (*to follow*)	suis	suivons	suivi

Une lettre de Suzanne

Chère Madame,

Les États-Unis et Monroe High School me semblent bien loin. J'ai l'impression* qu'*il y a* une éternité* *que* j'étais assise dans votre classe de français et pourtant *il y a* seulement trois mois
5   *que* je vous ai quittée. Après le choc* initial,* je commence à *m'habituer* à la vie française.

Ce qui m'a surprise* d'abord, c'est que mon français ne correspondait* pas au français qu'on parlait en France. Il me semblait que tout le monde parlait très vite et utilisait* un
10   vocabulaire* que je ne connaissais pas, surtout les jeunes de mon âge. Que voulaient dire les mots « bouquin », « boîte » et « bidon » qui sortaient constamment de la bouche des filles de ma classe? Il s'agit simplement de l'argot pour « livre », « école » et « pas sérieux »: on lit un « bouquin », on en a marre de « cette boîte »
15   où on suit des cours* « bidons ». Mais je suppose* que ces lacunes sont inévitables.* Le prof* d'anglais dans ma « boîte » emploie souvent des expressions* *peu* courantes.*

En arrivant à Paris, nous avons visité* un grand nombre* d'appartements* meublés et nous nous sommes décidés* pour un
20   cinq pièces† *au troisième* d'un immeuble de six étages.† L'im-

meuble vient d'être ravalé et par conséquent il donne l'impression
d'avoir été construit* récemment. *En fait,* il a été construit au début
du siècle, comme beaucoup d'autres immeubles de la région
parisienne. Mes amis qui habitent dans des immeubles du dix-
25 neuvième siècle le considèrent moderne. Mais *il suffit de* visiter
notre salle de bains pour voir que ce n'est pas le cas.

La salle de bains est presque *aussi* grande *que* la chambre à
coucher principale. Perdue dans un coin, il y a une énorme*
baignoire. Elle est si profonde que dans un moment d'inattention
30 ou de désespoir* il serait facile de s'y noyer. Deux robinets
gigantesques* qui ressemblent* à des sculptures* baroques*
servent de source†: l'eau froide coule avec des flots dignes des
chutes du Niagara, et l'eau chaude coule goutte à goutte. Il est
donc possible de prendre un bain de pieds tiède ou de tremper
35 son corps† dans de l'eau glacée. Dois-je vous avouer que je
prends rarement des bains... Le premier jour je ne trouvais pas
les W.-C. Où étaient-ils cachés dans cette énorme salle de bains?
Étaient-ils donc si petits? Mais non, en France les toilettes* ne
sont jamais dans la salle de bains, mais dans une petite pièce†
40 séparée!*

Tout l'appartement est plein de surprises* et de dispropor-
tions.* Sous la table de la salle à manger il y a un bouton.* On
y appuie avec le pied pour appeler les domestiques* qui, en
principe,* attendent dans la cuisine pour servir* les repas. En
45 1900, il y avait des domestiques pour faire les kilomètres qui
séparent la salle à manger de la cuisine, de nos jours c'est moi
qui fais ce trajet. Le frigo est *aussi* petit *que* la cuisine est grande.
Ceci nous oblige* à faire les courses† tous les jours comme tous
les Français.

50 Le salon paraît immense* à cause de son plafond élevé* et
de ses portes-fenêtres. Ces fenêtres *donnent sur* la rue où nous
avons une vue* splendide.* Je voulais d'abord avoir la chambre
de bonne au sixième étage du côté cour, mais maman n'a pas voulu
que j'habite « si loin d'elle ». *C'est dommage!* Remarquez qu'avec
55 l'hiver froid que nous avons cette année, j'ai bien fait de suivre
ses conseils† et de rester† dans l'appartement, car les chambres
de bonne n'ont pas de chauffage central.* Comme la plupart des
appartements français, notre appartement n'a pas de placard.†
Et c'est un grand inconvénient.† On les remplace par d'énormes

David Turnley

Le café du coin est toujours plein de vie.

60 armoires en bois. J'ai une belle armoire en chêne dans ma
chambre. Elle est là, plantée* comme un roc,* à côté de mon lit.
Au début, sa présence* me semblait écrasante, ensuite *je m'y
suis habituée* et maintenant elle me tient compagnie.*

Malgré la description* détaillée* que je vous donne de
65 notre domicile,* je ne veux pas vous donner l'impression que
j'y passe tout mon temps. *Au contraire,* j'y suis rarement. *Dès
que* j'ai un moment de libre, je descends au café. *D'ailleurs,*
c'est du café du coin que je vous écris actuellement.† Quand
on manque temporairement* d'inspiration, il suffit de prendre
70 une autre gorgée de café et regarder les gens pour trouver
quelque chose à écrire. Ce café est toujours plein de vie. Les
Français *tiennent* beaucoup *à* leur café de quartier; c'est un
endroit idéal* pour retrouver des amis. On ne se lance pas des
« hi » impersonnels* quand on se rencontre, mais on se serre la
75 main *à tour de rôle,* et souvent les garçons embrassent† les filles
sur les deux joues et les filles s'embrassent† entre elles. En ce
moment, le vendeur *fait le tour des* tables en criant d'une voix
monotone*: « Achetez *France-Soir!* Achetez *France-Soir!* » Ex-
cusez*-moi si je suis son conseil et si je mets fin à cette lettre*
80 pour me replonger dans la lecture† des scandales quotidiens.

Bien à vous,
Suzanne Robinson

NOTES

1. **cher** dear. 3. **assis** seated. 4. **pourtant** = cependant. 7. **d'abord**
first. 12. **bouche** mouth. 13. **argot** slang, argot. 16. **lacune** gap,
lacuna. 17. **employer** = utiliser. 19. **meublé** furnished; **un cinq**
pièces = un appartement de cinq pièces. 20. **étage** floor, story.
21. **ravalé** sand-blasted and washed. 25. **le considèrent** consider it.
26. **salle de bains** bathroom. 27. **chambre à coucher** bedroom.
28. **perdu** lost. 29. **baignoire** bathtub; **inattention** absent-
mindedness. 30. **il serait** it would be; **se noyer** to be drowned, to
drown oneself; **robinet** faucet. 32. **source** spring; **couler** to run, to
flow; **flot** wave; **digne** = qui mérite.* 33. **chute** fall; **goutte à**
goutte drop by drop. 34. **tiède** = ni chaud ni froid; **tremper** to immerse.
35. **corps** body; **glacé** frozen; **avouer** to confess. 37. **les W.-C.**
(*pronounced* les vé-cé) toilet; **cacher** to hide. 38. **mais non** = *forme*
emphatique de non. 41. **plein** full. 42. **sous** = contraire de *sur;* **salle**

à manger   dining room.   43. **appuyer**   to press;   **domestique**   servant.
46. **de nos jours** = aujourd'hui.   47. **trajet**   journey;   **frigo** = réfrigérateur.*
48. **course**   errand.   50. **salon**   (formal) living room;   **plafond**   ceiling;
élevé = haut.   51. **porte-fenêtre** = porte qui sert de fenêtre (*French
window*).   53. **bonne**   maid;   **du côté cour** = du côté de la cour
(*on the side facing the courtyard*).   56. **conseil**   advice.   57. **chauffage**
heating;   **plupart** = majorité.*   59. **inconvénient** = contraire de
*avantage.**   60. **armoire**   wardrobe;   **bois**   wood;   **chêne**   oak.   61. **à
côté de**   next to, by.   62. **écrasant**   crushing, overwhelming.   69. **manquer
de** = ne pas avoir.   70. **gorgée**   sip.   73. **retrouver**   to meet (*by
arrangement*) *cf.* **rencontrer;   se lancer**   to say to each other.   74. **se
serrer la main**   to shake hands.   75. **embrasser**   to kiss.   76. **joue**
cheek;   **en ce moment** = maintenant.   77. **crier**   to shout;   **voix**   voice.
79. **suis** *est du verbe* **suivre** *et non pas de* **être;   mettre fin à** = terminer.
80. **se replonger**   to plunge back;   **lecture** = *action de lire.*

EXERCICES

A.   *Répondez aux questions suivantes.*

1.   A quoi est-ce que Suzanne commence à s'habituer?
2.   Quelle sorte de mots est-ce qu'elle ne connaissait pas?
3.   Quelle sorte d'appartement est-ce que la famille de Suzanne a trouvé?
4.   Comment est l'appartement d'après les amis de Suzanne?
5.   Comment est la baignoire de la salle de bains?
6.   Pourquoi Suzanne ne prend-elle pas souvent de bains?
7.   Quand est-ce qu'on utilisait le bouton sous la table de la salle à manger?
8.   Pourquoi fait-on des courses tous les jours?
9.   Pourquoi Suzanne a-t-elle bien fait de ne pas prendre la chambre de bonne?
10.   Qu'est-ce que Suzanne pense de son armoire?
11.   Comment les Français saluent-ils leurs amis?
12.   Cette lettre vous semble-t-elle un peu exagérée? Trouvez les phrases qui contiennent un élément d'exagération.

B.   *Indiquez si les commentaires suivants sont vrais ou faux.*

1.   Suzanne est en France depuis trois mois.
2.   Suzanne connaissait l'argot des jeunes de son âge avant de venir en France.
3.   Le professeur d'anglais de Suzanne ne semble pas bien connaître les expressions très courantes.

4. L'appartement que la famille de Suzanne a loué se trouve au troisième étage d'un immeuble.
5. Suzanne ne savait pas que les toilettes ne sont jamais dans la salle de bains.
6. La famille qui habitait l'appartement au début du siècle avait probablement une bonne.
7. La chambre de bonne que Suzanne voulait avoir était près de la salle de bains.
8. Suzanne ne peut pas s'habituer à la grande armoire qui est à côté de son lit.
9. Suzanne trouve que l'appartement est un très bon endroit pour lire, écrire et retrouver ses amis.
10. Les jeunes Français, lorsqu'ils se rencontrent, se serrent la main et s'embrassent sur la bouche.

C. *Exercices de lexique.*

1. Indiquez le mot qui n'appartient pas à chaque série.

   énorme—immense—plupart—gigantesque
   froid—digne—glacé—tiède—chaud
   salon—cuisine—chambre—placard
   chauffage—armoire—lit—table
   joue—pied—main—tête—chêne
   argot—robinet—mot—vocabulaire
   cour—jardin—rue—parc—goutte

2. Trouvez dans le texte le contraire des mots suivants.

minuscule	fin (*nom*)	avantage
rarement	froid	sur
vide	près	dernier

3. Donnez les mots qui sont définis ici.
   1. endroit où on prend des repas
   2. haut
   3. livre (*argot*)
4. terminer
5. endroit où on prend des bains
6. ni chaud ni froid
7. action de quelque chose qui tombe
8. réfrigérateur (*argot*)
9. majorité
10. meuble; on y met des vêtements, des chapeaux, des chaussures, etc.
11. sembler

D. *Complétez le paragraphe suivant en utilisant le vocabulaire du texte.*

Suzanne est à Paris depuis _____ mois. Elle commence à _____ à la vie française. Elle _____ dans un appartement de cinq _____ au troisième _____ d'un _____ qui a été construit _____ du siècle. Elle trouve qu'il y a beaucoup de différences _____ les appartements français et les appartements _____. Elle fait une description _____ de son domicile, surtout de _____. Elle écrit sa lettre _____ qui n'est pas _____ de son appartement. Ce café est toujours _____ de vie et elle trouve que c'est _____ idéal pour lire, écrire, regarder _____ et _____ des amis. Elle _____ sa lettre pour acheter et lire _____.

E. *Parlons un peu de votre domicile.*

1. Habitez-vous une maison ou un appartement?
2. Combien d'étages a votre maison (appartement)?
3. Le (la) considérez-vous petit(e)? moderne?
4. Combien de pièces a-t-il (elle)?
5. Y a-t-il une chambre de bonne?
6. A quel étage est votre chambre?
7. Comment est votre chambre?
8. Combien de lits y a-t-il dans la chambre?
9. Où gardez-vous vos vêtements?
10. Combien de fenêtres y a-t-il?
11. Sur quoi donnent les fenêtres?
12. Y a-t-il des meubles en bois?

ONZIÈME CHAPITRE

PRÉPARATION À LA LECTURE

1. La négation

Ne... personne ou **personne ne...** est un équivalent de *nobody, not anyone.*

Il **n**'y a **personne** ici.	*There is no one here.*
Personne ne peut partir.	*No one can leave.*

Ne... pas... ni... correspond à l'expression *not . . . or . . .* ou *neither . . . nor . . .* en anglais.

Il **n**'a **pas** le livre **ni** le cahier.	*He has neither the book nor the notebook.*

2. Les pronoms personnels: troisième personne

Le, la, ou **les** remplace l'objet direct:

Je vois **le garçon.**	→ Je **le** vois.
Je sais **l'adresse.**	→ Je **la** sais.
Je fais **les exercices.**	→ Je **les** fais.

Lui et **leur** remplacent l'object indirect:

Je parle **à Marie.**	→ Je **lui** parle.
Je réponds **aux parents.**	→ Je **leur** réponds.

3. Verbes réfléchis (voir le chapitre 5)

On emploie souvent les verbes réfléchis pour exprimer le mode passif au lieu de (*instead of*) la construction **être + participe passé:**

Ce journal **se vend** partout.   *This paper is sold everywhere.*
Le journal **se caractérise** par son souci d'exactitude.   *The paper is characterized by its concern for accuracy.*

■4.   Expressions à retenir

il s'agit de = il est question* de
Il s'agit d'une institution importante.

aussi bien... que   *as well as*
Il donne de la variété aussi bien par sa forme que par son contenu.

vouloir dire   *to mean*
Ce mot veut dire « pavillon de jardin ».

◉ **quant à**   *as to (for)*
Le lecteur est guidé par ses goûts quant au choix de journaux.

◉ **autant de... que de...**   *as many . . . as . . .*
Il y a autant de Français que de Françaises.

tout de suite = immédiatement*
Le Monde a été fondé tout de suite après la guerre.

à l'encontre de = au contraire de
A l'encontre du *Monde, France-Soir* s'adresse aux masses.

il ne faut pas   *one (we) must not*
Il ne faut pas oublier ce journal.

faire appel à   *to appeal to*
Ce journal fait appel aux masses.

tandis que   *whereas*
France-Soir est un quotidien tandis que *Paris-Match* est un hebdomadaire (*weekly*).

◉ **depuis... jusqu'à**   *from . . . to . . .*
Ce journal traite de tous les sujets, depuis la politique jusqu'aux arts.

de temps en temps   *from time to time, sometimes*
Il y a de temps en temps des scandales sérieux.

de bonne heure = tôt
Le journal se vend de bonne heure le matin.

tel(le)(s) que = comme (*such as*)
Il y a de bons journaux tels que *Le Monde* et *Le Figaro*.

5. **Verbes irréguliers**

L'INFINITIF	JE	NOUS	LE PARTICIPE PASSÉ
s'asseoir (*to sit down*)	m'assieds	nous asseyons	assis
lire (*to read*)	lis	lisons	lu

La presse

« ... la libre communication* des pensées et
des opinions est un des droits les plus
précieux* de l'homme: tout citoyen peut
donc parler, écrire, imprimer librement*... »
5　　(Article* 11: *Déclaration* des Droits de
l'homme, 1789)

Parlons aujourd'hui d'une institution* indispensable* à la
vie quotidienne des Français. *Il* ne *s'agit* pas *du* Parlement, ni
de la Sorbonne, ni *de* l'Église, mais *d'*une institution beaucoup
10　plus simple et modeste.* *Il s'agit d'*une institution qui donne de
la variété* et de la couleur* à la vie française, *aussi bien* par
sa forme* architecturale* *que* par son contenu. *Il s'agit d'*une
institution qui se trouve sur le trottoir des grands boulevards.*
Avez-vous deviné? *Il s'agit du* kiosque,* *du* kiosque à journaux.
15　Le mot, d'origine* turque, *veut dire* « pavillon* de jardin ».*
Ce petit abri circulaire,* introduit* en France au dix-septième
siècle, est de nos jours un petit magasin de forme ronde; à
l'intérieur vous trouverez un vendeur entouré de journaux,
d'illustrés, de guides* touristiques, de cartes postales et de
20　souvenirs.* Cependant, son but principal* est la vente de
journaux, car malgré la radio* et la télévision, le Français reste
profondément* attaché* à son journal. Il l'achète et s'assied à
la terrasse* de son café préféré pour le lire. *Quant au* choix de
journaux, le lecteur est guidé* par son niveau d'éducation,*
25　ses goûts et ses tendances* politiques.* On dit souvent qu'il y a
autant de tendances politiques en France *qu'*il y a *de* citoyens.
C'est une exagération,* bien sûr, mais il faut dire que presque

toutes les tendances politiques se trouvent reflétées* dans un journal ou un autre.

30   Commençons par le plus sérieux,* et comme son titre l'indique, le plus international,* *Le Monde.* Ce quotidien, fondé* en 1945 *tout de suite* après la guerre, se caractérise* par son souci d'exactitude scrupuleuse* et par l'importance qu'il attribue* aux affaires internationales. Ceci explique, en partie, qu'il attire

35   parmi ses lecteurs les intellectuels* de gauche *aussi bien que* les hommes d'affaires† plutôt conservateurs. A la sortie des bureaux, on voit *autant d'*hommes en complet† gris se précipiter† vers les kiosques pour acheter *Le Monde* paru dans le courant† de l'après-midi, *que de* jeunes étudiants échevelés et débraillés.

40   Malgré une présentation* un peu austère—aucune photo,* peu de réclames—il tire à 400.000 exemplaires,† dont 20% sont vendus à l'étranger.

    Le quotidien du matin au plus fort tirage, *Le Figaro,* est aussi un des plus vieux journaux de France. Plutôt conserva-

45 teur, destiné† à la bourgeoisie, ce journal exprime souvent la position* officielle* du gouvernement français, lui servant ainsi de porte-parole.† Facile à lire, d'un style* vif et parfois piquant, avec un mélange de sérieux, d'humour* et d'ironie,* les articles* traitent de politique intérieure† et étrangère, de littérature,*

50 des arts,* du cinéma,* des sports* et des événements d'intérêt* général. Il est largement† diffusé† à travers toute la France et se vend à plus d'un demi-million d'exemplaires par jour.

    Il ne faut pas, par snobisme, oublier *France-Soir* que lisent plus de trois millions de Français tous les soirs. *A*

55 *l'encontre du Monde* et *du Figaro* qui *font appel aux* classes éduquées* qui veulent être informées* dans tous les domaines,* *France-Soir* s'adresse* aux masses.* Abondamment illustré,* il se consacre† aux drames* humains*—la jeune femme assassinée par son amant, le jeune homme désespéré qui se suicide,* la

60 marée noire qui envahit les plages méditerranéennes,* la montée du coût* de la vie—*tandis que* les problèmes politiques et économiques sont réduits au minimum.* La rédaction† se contente d'une explication sommaire† et offre une solution simpliste,* facilitant ainsi la prise de position du lecteur.

65   Cela vous étonnera, peut-être, d'apprendre que le parti* communiste* français publie* son propre† journal, un quotidien

LE FIGARO

« SANS LA LIBERTÉ DE BLAMER, IL N'EST PAS D'ÉLOGE FLATTEUR » BEAUMARCHAIS

SC

Arts
Bours
Carne
Chron
Course
Econor
Equipe
Etrange
Feuillete
Informa
Journée
Littéraire

demain, des législatives partielles

Recevant les représentants U.D.R.

s-à-corps
rité-opposition

**Barre confirme :
d'Ornano sera
candidat à Paris**

Le g

Guerr
à la I
admin

Kiosque à journaux—quel journal choisir?

French Cultural Services

qui s'appelle *L'Humanité, L'Huma* pour les intimes.† Ce journal
est l'organe* officiel du parti et reflète* sa position dans tous
les domaines, *depuis* la politique *jusqu'aux* arts. Ainsi *L'Huma*
70 est un journal d'opposition* active* et constante au gouvernement
français, avec *de temps en temps* des révélations* sérieuses sur
l'abus* du pouvoir, un abus qui arrive,† nous le savons bien,
dans d'autres gouvernements.

Objet* de scandale,* de haine et d'admiration,* personne
75 ne peut ignorer† *Le Canard Enchaîné.* C'est un journal satirique,*
d'une ironie* amère, d'une bouffonnerie souvent trompeuse et
d'une intelligence* pétillante. Il est sans pitié* pour les mensonges
du gouvernement, sans indulgence* pour les bêtises de l'administration,* personne n'échappe à son regard moqueur.

80 Il faut dire qu'il y a aussi une large† presse* quotidienne
régionale,* *tel que Le Méridional* dans le sud de la France, ou
Le Sud-Ouest pour la région de Bordeaux, où le provincial†
cherche les résultats* du dernier match† de son équipe† de
football et les derniers potins de la région. N'oublions pas, cepen-
85 dant, que la France est relativement petite, et qu'un journal
imprimé à Paris à 20 heures et mis dans le train à minuit se vend
à travers le pays *de bonne heure* le lendemain matin. Ainsi, le
Marseillais qui passe par son kiosque en allant à l'école ou au
bureau a déjà le choix entre *Le Monde, Le Figaro* ou *La Mar-*
90 *seillaise.*

NOTES

1. **pensée** thought. 2. **droit** right. 3. **tout citoyen** every citizen.
4. **imprimer** to print. 8. **quotidien** = de chaque jour. 9. **la Sorbonne** =
université de Paris-Sorbonne, une des universités les plus anciennes d'Europe;
église church (*ici,* l'Église catholique). 12. **contenu** (*du verbe* **contenir**)
content. 13. **trottoir** sidewalk. 14. **deviner** to guess; **kiosque à**
journaux newsstand. 15. **turc** (*fem.* **turque**) = de la Turquie.* 16. **abri**
shelter. 17. **rond** round. 18. **vendeur** = personne qui vend.
19. **illustré** = une revue (*magazine*) avec beaucoup d'illustrations; **carte**
postale postcard. 20. **but** purpose, goal; **vente** = action de vendre.
21. **car** = parce que; **rester** to remain. 23. **préféré** favorite; **choix** =
action de choisir. 24. **lecteur** = personne qui lit. 25. **goût** taste.
30. **titre** title. 31. **quotidien** = journal qui est publié chaque jour.
32. **guerre** war (*ici,* la deuxième guerre mondiale). 33. **souci** care,
concern; **exactitude** exactness, accuracy. 34. **ceci** = contraire de *cela;*
attirer to attract. 35. **parmi** among. 36. **homme d'affaires**

businessman; **plutôt** rather; **conservateur** = contraire de *libéral;* **à la
sortie des bureaux** at the end of the working day. 37. **complet** suit;
gris gray; **se précipiter** to rush. 38. **paru** (*du verbe* **paraître**) appeared;
courant course. 39. **échevelé** disheveled; **débraillé** unkempt.
40. **aucun** not a single. 41. **réclame** advertisement; **tirer** (*ici*) to print;
exemplaire copy; **dont** of which. 42. **à l'étranger** abroad. 43. **fort**
= (*ici*) grand; **tirage** number of copies printed. 45. **destiné** intended;
bourgeoisie middle class; **exprimer** to express. 47. **porte-parole**
spokesman; **vif** lively; **parfois** = de temps en temps; **piquant** sharp,
biting. 49. **traiter de** to deal with; **politique** policy, politics.
51. **largement** widely; **diffusé** circulated. 53. **snobisme** snobbery;
que *remarquer l'inversion du verbe et du sujet après le pronom relatif.*
57. **abondamment** = avec abondance.* 58. **se consacrer à** to be devoted
to; **assassiner** to murder. 59. **amant** lover; **désespéré** driven to
despair. 60. **marée noire** oil slicks (lit. black tide); **envahir** to invade;
montée increase. 62. **réduit** reduced; **rédaction** editorial staff;
se contenter = être satisfait.* 63. **sommaire** brief. 64. **prise de position**
determination of attitude. 65. **étonner** to surprise, astonish; **apprendre**
to learn. 66. **propre** own. 67. **intime** intimate, avid reader.
72. **arriver** (*ici*) to happen. 74. **haine** hatred. 75. **ignorer** to remain
ignorant of; **Canard Enchaîné** lit. chained duck; **canard** *also means*
false news. 76. **amer** bitter; **bouffonnerie** buffoonery, clownery;
trompeur deceptive. 77. **pétillant** sparkling; **mensonge** lie.
78. **bêtise** stupid act. 79. **échapper à** to escape; **regard** = action de
regarder; **moqueur** mocking. 82. **provincial** = personne de la province.
83. **match** game; **équipe** team. 84. **football** *the type of football
extremely popular in Europe is a variety of soccer rather than the American-
style football;* **dernier potin** latest (piece of) gossip. 86. **mis** (*du verbe*
mettre) placed, put; **minuit** midnight. 89. **déjà** already.

EXERCICES

A. *Répondez aux questions suivantes.*

1. Qu'est-ce que le kiosque donne à la vie française?
2. Qu'est-ce que c'est qu'un kiosque à journaux?
3. Que peut-on acheter dans un kiosque?
4. Qu'est-ce qui guide le lecteur quand il choisit un journal?
5. Quelles sont les caractéristiques du *Monde?*
6. Quelle sorte de gens achètent *Le Monde?*
7. Quelle sorte d'opinions est-ce que *Le Figaro* représente?
8. Quelle sorte de gens achètent *France-Soir?*
9. Qu'est-ce que c'est que *L'Humanité?*
10. Quels journaux critiquent souvent les actions du gouverne-
    ment?

11. Quelles sont les caractéristiques du *Canard Enchaîné?*
12. Quel est le journal le plus largement diffusé de France?

B. *Indiquez si les commentaires suivants sont vrais ou faux.*

1. Le kiosque à journaux est un petit jardin où on vend des journaux et des illustrés.
2. Beaucoup de Français préfèrent la radio et la télévision aux journaux.
3. Le lecteur choisit son journal selon ses goûts, son niveau d'éducation et ses tendances politiques.
4. *Le Monde,* un quotidien de l'après-midi, est le plus vieux journal de France.
5. Le journal qui exprime souvent la position officielle du gouvernement est *Le Figaro.*
6. Dans *France-Soir* il y a plus de pages consacrées aux drames humains qu'aux problèmes politiques et économiques.
7. Tout ce qu'il y a de plus caractéristique de l'humour français se retrouve dans *Le Canard Enchaîné.*
8. L'organe officiel du parti conservateur s'appelle *L'Humanité.*
9. *L'Huma* traite des problèmes sérieux d'une façon ironique et satirique.
10. *Le Sud-Ouest* est un journal du matin publié dans la région de Marseille.

C. *Exercices de lexique.*

1. Cherchez dans le texte les mots indiqués.

jour	→ (*adjectif*)	abuser	→ (*nom*)
cercle	→ (*adjectif*)	regarder	→ (*nom*)
touriste	→ (*adjectif*)	varié	→ (*nom*)
poste	→ (*adjectif*)	choisir	→ (*nom*)
politique	→ (*adjectif*)	tirer	→ (*nom*)
expliquer	→ (*nom*)	éduquer	→ (*nom*)
vendre	→ (*nom*)	expression	→ (*verbe*)

2. Indiquez le mot qui n'appartient pas à chaque série.

un journal—un souci—un quotidien—un illustré
autant—beaucoup—trop—plutôt
tirer—parler—lire—écrire
radio—télévision—journal—regard

3. Donnez le contraire des mots suivants.

droite	étroitement	vendre
libéral	tard	midi
maximum	détaché	premier

4. Cherchez dans le texte les mots qui sont définis ici.

personne qui lit
de temps en temps
personne qui vend des choses
d'une façon profonde
qui a les cheveux en désordre
journal publié tous les jours
petit magasin de forme ronde où on vend des journaux
faire appel (à)

D. *Complétez le passage suivant en utilisant le vocabulaire du texte.*

Le _____ de la vie ne cesse pas de monter. Si vous voulez savoir les diverses causes économiques, sociales et politiques de l'inflation, la meilleure source d'information est le journal _____. Quelles sont les différentes positions politiques de l'administration? Vous pouvez acheter _____ pour les apprendre; on considère souvent ce journal _____ du gouvernement. Si vous voulez apprendre l'effet de l'inflation sur d'autres pays, lisez _____, où vous trouverez d'excellents articles sur les affaires _____. Vous demandez s'il y a _____ qui s'opposent à la politique du gouvernement? Mais bien sûr; il y a d'abord _____, organe officiel du parti _____. Il y a aussi _____, journal d'une _____ mordante. Si vous voulez savoir quelques détails sur la lutte quotidienne des masses contre l'inflation, achetez _____.

E. *Structures: Choisissez a, b, ou c pour compléter les phrases suivantes.*

1. *(ligne 22)* Le pronom **l'** remplace
   a) le Français.
   b) le journal.
   c) le but.

2. *(ligne 45)* Le mot **destiné** modifie
   a) conservateur.
   b) bourgeoisie.
   c) ce journal. .

3. (*ligne 46*) Le pronom **lui** se rapporte
    a) à la position.
    b) au gouvernement.
    c) au journal.

4. (*ligne 56*) Le pronom **qui (veulent...)** remplace
    a) trois millions de Français.
    b) *Le Monde* et *Le Figaro*.
    c) les classes éduquées.

F. *Faites une description d'un hebdomadaire américain en utilisant le vocabulaire de cette leçon.*

   · *Modèle:*

Le *Saturday Review* se vend à environ (*about*)... exemplaires par semaine. Il se caractérise par l'importance qu'il attribue aux événement culturels. Plutôt libéral, il s'adresse aux lecteurs éduqués qui veulent être informés dans tous les domaines intellectuels depuis la politique jusqu'aux arts.

DOUZIÈME CHAPITRE

PRÉPARATION À LA LECTURE

1. Emploi de « tout »

L'adverbe **tout** intensifie la signification de l'adjectif ou de l'adverbe qui le suit:

| d'abord → **tout** d'abord | *first* → *first of all* |
| au moins → **tout** au moins | *at least* → *at the very least* |

■2. Ne... que

La construction **ne... que** suggère l'idée de la restriction, au sens de **seulement.**

| Il **ne** parle **que** de cela. | *He speaks only of that.* |
| Ce **n'**est **qu'**en 1944 que la femme a obtenu le droit de vote. | *It was (is) only in 1944 that women obtained the right to vote.* |

3. L'article défini devant un titre — *not used in direct address*

On emploie l'article défini devant un titre suivi d'un nom propre sauf dans le discours direct:

Voilà **le** Docteur Mazière.	*There's Dr. Mazière.*
J'ai parlé **au** Professeur Dupont.	*I spoke to Professor Dupont.*
Bonjour, Docteur Mazière.	*Hello, Dr. Mazière.*

■4. Expressions à retenir

entendre parler de   *to hear about*

Avez-vous entendu parler de ce mouvement?

pourriez-vous...?   *could you . . . ?*

Pourriez-vous me dire cela?

avoir besoin de   *to need*

A-t-on besoin d'un tel mouvement?

veuillez + inf.   *(please) do + inf.*

Veuillez entrer.   *Do come in.*

s'il vous plaît   *(if you) please*

Expliquez cela, s'il vous plaît.

tôt ou tard   *sooner or later*

Tôt ou tard la femme obtiendra tous ses droits.

ne pas avoir de quoi se plaindre   *to have nothing to complain about*

Vous n'avez pas de quoi vous plaindre.

se plaindre de   *to complain*

Je ne me plains pas du salaire.

en ce qui concerne   *concerning*

En ce qui concerne le salaire, on n'a pas de quoi se plaindre.

en tant que   *as*

Il est plus difficile pour une femme de débuter en tant que journaliste.

s'occuper de   *to take care of*

La mère s'occupe de la maison.

soit... soit...   *either . . . or . . .*

Elle dépend soit de son père soit de son mari.

à quelques exceptions près   *with a few exceptions*

Les invités sont arrivés, à quelques exceptions près.

5.   Verbes irréguliers

L'INFINITIF	JE	NOUS	LE PARTICIPE PASSÉ
se plaindre (de) *(to complain)*	plains	plaignons	plaint
suffire *(to suffice)*	suffis	suffisons	suffi
recevoir *(to receive)*	reçois	recevons	reçu

Le mouvement pour
la libération de la femme

« La femme est obligée d'habiter avec le mari,
et de suivre partout où il juge* à propos de
résider*: le mari est obligé de la recevoir, et
de lui fournir* tout ce qui est nécessaire*
5   pour les besoins de la vie, selon ses facultés†
et son état. » (Code* Napoléon: *Du Mariage**)

Lieu: Maison de la Radio; Office* de la Radio et de la Télévision
Française (L'ORTF), 113, avenue du Président Kennedy,
Paris 16e.
10 Emission†: « Inter-Femmes »—2e chaîne† couleurs.
Date: Mercredi le 21 octobre, de 15 h à 16h30.

Speakerine: Bonjour Mesdames. Cet après-midi notre émission sera
consacrée† au mouvement* pour la libération* de la femme
en France et aux États-Unis. Nous allons suivre notre format*
15   habituel,† un débat* suivi de questions que vous, nos téléspectatrices, voudrez bien poser à nos invitées réunies ici dans
notre studio.* Vous pourrez donc nous appeler à partir de
15h30. Ici à Paris, appelez le 233-46-46, et si vous n'habitez
pas la région parisienne, téléphonez en P.C.V. au 333-00-00.
20 Permettez-moi d'abord de vous présenter nos invitées pour
cet après-midi. A ma droite, notre invitée spéciale,* Mademoiselle Nancy Andrews, rédactrice de la revue† féministe*
américaine *La Femme dans le monde*; à sa droite, le Docteur
Christine Mazière, professeur de gynécologie* à la Faculté†
25 de Médecine* de Montpellier; à ma gauche, Mademoiselle
Claude Fournier, secrétaire* de direction† pour une firme*
multinationale* ici à Paris, et nous avons aussi comme invitée, une de nos téléspectatrices, Madame Anne-Marie
Dupont, femme d'intérieur,† mère de deux enfants, dont le
30 mari est fonctionnaire. Bonjour Mesdames. Je vous remercie
toutes d'avoir accepté* d'être nos invitées aujourd'hui, et je
cède immédiatement* le micro* à notre invitée d'Amérique.*
Mlle Andrews: Je vous remercie. Vous avez toutes *entendu parler
du* mouvement pour la libération de la femme en Amérique.
35 Ce mouvement, selon vous, a-t-il des possibilités* de déve-

«Trouvez-vous que la situation de la femme a changé?»

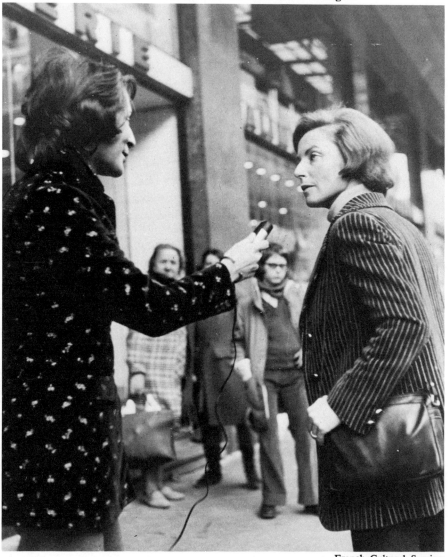

Aujourd'hui plus de métiers sont ouverts à la femme.

French Cultural Services

loppement* en France, mais d'abord, peut-être *pourriez-vous* me dire si on *a besoin d'*un tel mouvement en France?

Mlle Fournier: Absolument.*

Mlle Andrews: Ah, bon. *Veuillez* vous expliquer, *s'il vous plaît.*

40   Mlle Fournier: Je commence, si vous le permettez, en vous parlant de mon expérience* personnelle.* Après mon baccalauréat, je suis allée à une école de commerce,* où j'ai suivi les cours traditionnels* de gestion, publicité,† marketing,* informatique, etc. A la sortie, les garçons ont tous obtenu* des

45   places† qui les mèneront *tôt ou tard* à des postes de direction, tandis que moi, étant femme, j'ai terminé comme secrétaire, avec très peu d'espoir de devenir cadre.

Speakerine: Vous êtes quand même secrétaire de direction.

Mlle Fournier: Oui, mais secrétaire quand même.

50   Speakerine: Je vous pose la question parce qu'aujourd'hui, en France, tout au moins à Paris, vous êtes, si j'ose dire, très bien payée.

Mlle Fournier: Si vous voulez. C'est bien simple, je gagne près de 4.000 francs par mois.

55   Mme Dupont: Alors, permettez-moi de vous dire, Mademoiselle, que vous *n'avez pas de quoi vous plaindre,* et que mon mari, qui est bien plus âgé* que vous, ne gagne pas beaucoup plus.

Mlle Fournier: Je *me plains du* principe, et non pas du salaire.

Speakerine: Il est vrai qu'en France, à l'heure actuelle, la femme

60   peut gagner un salaire honnête,† mais elle a très peu de chance d'obtenir un poste important dans l'industrie* ou le commerce. Et en Amérique?

Mlle Andrews: Je dois dire que, chez nous, la situation* de la femme s'est beaucoup améliorée depuis, disons, 1965...

65   Speakerine: Et ceci grâce au mouvement pour la libération de la femme?

Mlle Andrews: En partie, oui. L'avortement, par exemple,* est presque entièrement* libre depuis plusieurs années, grâce aux efforts* du M.L.F.

70   Mlle Fournier: Mais, *en ce qui concerne* le travail...

Mlle Andrews: Précisément,* *en tant que* journaliste,* il est beaucoup plus difficile* pour une femme de débuter que pour un homme.

Mme Dupont: Pourtant, vous êtes bien journaliste, vous.

75 Mlle Andrews: Oui, il y a des femmes journalistes; elles *s'occupent de* la page mondaine, des naissances, de la mode,† etc. Mais combien y a-t-il de femmes journalistes qui traitent des sujets politiques, économiques ou des affaires internationales... on choisit toujours un homme.

80 Mlle Fournier: Mais c'est pire même en France. Est-ce que vous vous rendez compte que la femme *n'*a le droit de vote* *que* depuis 1944, et que cc *n'*est *qu'*en 1960 qu'elle a obtenu le droit d'avoir son propre† compte en banque*?

Mlle Andrews: Que faisait-elle avant ça?

85 Speakerine: Elle dépendait* *soit* de son père, *soit* de son mari. Je ne sais pas si vous savez, Mademoiselle Andrews, qu'une femme n'avait pas le droit d'avoir un passeport* sans l'autorisation* de son mari.

Mlle Andrews: J'avoue que je n'y avais même pas pensé.

90 Mlle Fournier: Subjugation* masculine* totale*!

Speakerine: Docteur Mazière, *pourriez-vous* nous dire quelle est la situation de la femme dans la médecine aujourd'hui.

Dr. Mazière: Il est indéniable* qu'elle est beaucoup plus facile qu'avant. Les examens* sont toujours aussi difficiles, sinon

95 plus, mais cela est vrai pour les deux sexes.* C'est l'attitude* envers les femmes dans la médecine* qui a changé. Aujourd'hui 11% des médecins en France sont des femmes.

Speakerine: Vous dites que l'attitude a changé. L'attitude de qui?

Dr. Mazière: L'attitude des parents, tout d'abord. Avant, les pa-

100 rents pensaient que si leur fille aimait la médecine, elle pouvait devenir infirmière.† Pour une fille cela suffisait. Le métier d'infirmière correspond bien à l'image* de la mère et de la femme qu'avait, et qu'a encore, notre société.* La médecine faisait plus sérieux, trop sérieux pour une fille, et elle était, *à*

105 *quelques exceptions* *près*, réservée aux hommes. Maintenant, il y a des femmes dans presque toutes les branches* de la médecine.

Mme Dupont: Ah bien, voilà.

(à suivre)

Notes

2. **partout** everywhere; **juger** = considérer; **à propos** = approprié.*
5. **besoin** need; **selon** according to; **faculté** ability. 7. **Maison de**

la Radio   *headquarters of the French radio and television network (a public corporation).*   9. **16ᵉ (seizième)**   *Paris is divided into 20* arrondissements; *the 16th* arrondissement *is on the Right Bank of the Seine, not very far from the Eiffel Tower.*   10. **émission**   broadcasting or telecasting;   **inter** (*Latin*) = entre;   **2ᵉ** = deuxième;   **chaîne**   channel;   **couleurs** = en couleurs.   13. **consacré**   devoted.   15. **habituel** = régulier; **téléspectatrice** = femme qui regarde la télévision.   16. **invité** = personne qu'on invite;   **réuni** (*du verbe* **réunir**)   gathered.   19. **en P.C.V.**   collect.   20. **présenter**   to introduce.   22. **rédactrice**   female editor (*cf.* **rédaction**).   24. **faculté**   school.   25. **Montpellier** = université de Montpellier, *one of the oldest universities in Europe, located in southern France.* 26. **secrétaire de direction**   executive secretary.   29. **femme d'intérieur** homemaker, housewife.   32. **céder**   to yield;   **micro** = microphone. 41. **baccalauréat**   *national examination for the degree of* bachelier *following study at the* lycée.   42. **école de commerce**   business school.   43. **gestion** management;   **publicité**   advertising;   **informatique**   data processing. 44. **à la sortie** = quand on a terminé ses études.   45. **place**   position; **mener**   to lead;   **poste de direction**   executive or management position. 47. **espoir**   hope;   **cadre**   managerial staff.   51. **oser**   dare.   60. **honnête** respectable.   64. **s'améliorer**   to become better;   **disons** (*du verbe* **dire**) let's say.   67. **avortement**   abortion;   **par example**   for example. 68. **libre** = (*ici*) sans limites.   69. **M. L. F.**   *Mouvement de libération des femmes. Fondé en 1970, ce mouvement a comme but la défense des droits des femmes.*   72. **débuter** (*du nom* **début**) = faire les premiers pas (*steps*).   76. **mondain**   trivial (lit. worldly, *from* **monde**);   **naissance** birth (*cf.* **Renaissance**);   **mode**   fashion.   80. **pire même** = même plus mauvais.   81. **compte**   account.   94. **sinon (si + non)**   if not. 96. **envers**   toward.   97. **médecin**   doctor.   101. **infirmière**   nurse; **suffisait** (*du verbe* **suffire**) = était suffisant, assez.   103. **qu'avait** = *inversion du sujet* (**notre société**) *et du verbe* (**avait**).   104. **faisait plus sérieux** = (*ici*) était quelque chose de plus sérieux.   108. **ah bien, voilà**   well, there you are, that's how it is.   109. **à suivre**   to be continued.

EXERCICES

A.   *Répondez aux questions suivantes.*

1.   Quel est le format habituel de ce programme?
2.   Quelles sont les invitées de cette émission?
3.   Pourquoi Mlle Fournier est-elle mécontente?
4.   De quoi Mlle Fournier se plaint-elle?
5.   Qu'est-ce qu'elle a étudié à l'école de commerce?
6.   D'après Mlle Andrews, quelle est la situation de la femme en Amérique?

7. En France, quand est-ce que la femme a obtenu le droit de vote? et en Amérique?
8. Qu'est-ce que Mlle Andrews pense de sa profession?
9. Si la femme voulait mettre son argent à la banque avant 1960, de qui dépendait-elle?
10. Pourquoi Mlle Fournier dit-elle « Subjugation masculine totale! »?
11. A quelle image est-ce que le métier d'infirmière correspondait?
12. Que pensez-vous de Mlle Fournier? Est-ce une féministe « active »? Trouvez les phrases qui semblent indiquer son attitude.

B. *Indiquez si les commentaires suivants sont vrais ou faux.*

1. Cette émission n'est destinée qu'aux téléspectatrices dans la région parisienne.
2. Selon Mlle Fournier, les garçons qui étudient à l'école de commerce ont peu d'espoir de devenir cadre.
3. La speakerine semble penser que la profession de Mlle Fournier est peu respectable.
4. En ce qui concerne le salaire, Mlle Fournier gagne plus d'argent que le mari de Mme Dupont.
5. En France la femme a encore peu de chance de trouver un poste important dans le commerce.
6. Selon Mlle Andrews, c'est grâce au M.L.F. que l'avortement est devenu libre aux États-Unis.
7. D'après Mlle Andrews, la plupart des articles sur la politique, l'économie et les affaires étrangères sont écrits par des hommes.
8. Avant 1960, la Française avait besoin de l'autorisation de son mari pour obtenir un passeport.
9. En médecine les examens sont plus difficiles pour les femmes que pour les hommes.

C. *Exercices de lexique.*

1. Donnez la forme féminine des mots suivants.

speaker	étudiant
infirmier	invité
téléspectateur	rédacteur

2. Donnez les mots indiqués.

libérer   → (*nom*)   meilleur → (*verbe*)
possible → (*nom*)   Paris   → (*adjectif*)
social   → (*nom*)   tradition → (*adjectif*)
médical → (*nom*)   personne → (*adjectif*)

3. Cherchez dans le groupe B l'antonyme des mots du groupe A.

A	B
mari, droite, tard, beau-coup, désespoir, facile, cela, fils, malgré	peu, tôt, espoir, ça, difficile, fille, grâce à, toujours, femme, garçon, jamais, gauche, ceci

D. *Complétez le paragraphe suivant en utilisant le vocabulaire du texte.*

Je _____ Marie-Claire Fournier. Je suis _____ de direction pour une _____ multinationale. Après _____, j'ai étudié à _____. Je suis mécontente parce que j'ai terminé _____ secrétaire _____ les garçons ont obtenu des _____ qui les mèneront à des postes _____. Je suis assez bien payée, mais ce n'est pas _____ que je me plains, c'est du principe. Il est vrai que la situation de la femme _____ en France, mais je ne vois pas beaucoup de _____ en _____ concerne l'attitude de la société envers certaines _____ réservées aux hommes.

TREIZIÈME CHAPITRE

PRÉPARATION À LA LECTURE

1. Le conditionnel

Pour former le présent du conditionnel, on prend la racine du futur et on y ajoute la terminaison de l'imparfait. Le conditionnel correspond souvent à la locution anglaise *would* + **verbe:**

je parler**ais**	nous parler**ions**
tu parler**ais**	vous parler**iez**
il parler**ait**	ils parler**aient**

2. Le pronom « en »

En remplace l'article partitif (**du, de la, de l', des;** ou **de** après un adverbe de quantité) et le nom.

J'ai **du sucre.**
→ J'**en** ai. *I have some.*

Il y a **des écoles.**
→ Il y **en** a. *There are some.*

Vous avez trop **d'argent.**
→ Vous **en** avez trop. *You have too much (of it).*

■3. Expressions à retenir

n'est-ce pas? *isn't that so?*

Vous avez deux enfants, n'est-ce pas?

tout à fait (= complètement) *completely, quite*

Ce n'est pas tout à fait juste.

tant que = aussi longtemps que

Il sera à la maison tant qu'il n'aura pas assez d'argent.

gagner la vie   *to earn one's living*
Il gagne sa vie en travaillant à la banque.

☜ **être en train de**   *to be in the act (process) of*
La femme est en train de devenir plus libre.

ne... plus   *no longer*
Elle n'est plus à la maison.

suffisamment de = assez de
Il n'y a pas suffisamment d'écoles.

☞ **au sujet de** (= en ce qui concerne)   *concerning*
Il a dit quelque chose au sujet des femmes.

4.   Verbes irréguliers

			LE PARTICIPE
L'INFINITIF	JE	NOUS	PASSÉ
croire (*to think, believe*)	crois	croyons	cru
dire (*to say, tell*)	dis	disons[1]	dit
vivre (*to live*)	vis	vivons	vécu

Le mouvement pour la libération de la femme (suite)

> « Le mari doit protection* à sa femme, la femme obéissance à son mari. » (Code Napoléon: *Du Mariage*)

Speakerine: Et vous, Madame Dupont, que pensez-vous? Vous
5   avez un garçon et une fille, *n'est-ce pas?*
Mme Dupont: Oui, c'est exact.*
Speakerine: Si vous deviez choisir, lequel de vos enfants enver-
      riez-vous à l'université*?
Mme Dupont: Je choisirais le plus intelligent, le plus doué.
10   Mlle Fournier: Mais toutes choses égales, qui choisiriez-vous?
Mme Dupont: Dans ce cas-là, je choisirais François-Michel.
Mlle Fournier: Pourquoi?

1. **nous disons** mais **vous dites**.

Mme Dupont: Parce que plus tard, quand il sera chef† de famille, il aura des responsabilités, il devra nourrir sa
15 famille.

Mlle Fournier: « Chef de famille », vous dites. Vous n'envisagez* pas, je vois, le mariage comme étant l'union* de deux partenaires,* tous les deux aussi responsables.*

Mme Dupont: Bien sûr, je suis conservatrice. Pourtant, je crois
20 pouvoir parler pour la société française actuelle quand je dis que nous ne sommes pas prêts à envisager* le mariage *tout à fait* sous cet angle*-là.

Mlle Andrews: Et les filles et les garçons de 17 et 18 ans?

Mme Dupont: Je pense qu'en ce qui concerne la famille, même
25 le jeune Français reste assez conservateur.

Mlle Andrews: A partir de quel âge est-ce que les jeunes quittent la maison familiale?

Mme Dupont: Ça dépend. La fille y reste d'habitude jusqu'à son mariage, et le garçon jusqu'à son service* militaire.* Bref,
30 *tant qu*'ils sont à la charge† des parents et qu'ils ne *gagnent* pas leur propre *vie,* ils vivent à la maison.

Mlle Fournier: A mon avis, il a fallu trop longtemps à la femme pour avoir des droits.

Mme Dupont: Naturellement, il y avait beaucoup d'injustices.*
35 Mais, comme vous le constatez vous-même, ça a beaucoup changé, heureusement d'ailleurs.

Mlle Andrews: Vous, Madame Dupont, croyez-vous à la libération de la femme, au M.L.F.?

Mme Dupont: Pour ma part, je crois qu'aujourd'hui, avec les
40 changements dans la société, la femme *est en train de* devenir plus libre, même sans avoir recours* à un mouvement de libération. Elle peut profiter des crèches, par exemple.

Mlle Andrews: Les crèches? Qu'est-ce que c'est?

Speakerine: Ce sont des établissements* dans les grandes villes,
45 et dans les villages aussi, qui reçoivent les bébés la journée pendant que la maman va travailler.

Mlle Andrews: Combien est-ce que ça coûte*? En Amérique, ce genre de service peut coûter autant que le salaire de la mère.

Speakerine: Ah, non, non. Ici il s'agit d'établissements qui sont
50 financés* par l'état... comme les écoles!

Mlle Andrews: Mais, c'est merveilleux*! Cela n'existe pas aux

États-Unis. La vraie libération de la femme commence à
partir du moment où elle *n'*est *plus* enfermée à la maison pour
garder† les enfants.

55 Mlle Fournier: Oui, tout cela est vrai. J'avoue que le système*
des crèches est formidable.† Cependant, il y en a très peu.
Le gouvernement parle tout le temps d'en augmenter*
le nombre,* mais il n'y en a toujours pas assez, et les listes*
d'attente continuent à s'allonger...

60 Mlle Andrews: Dans ce cas-là, pour pouvoir aller travailler la
mère doit attendre que l'enfant commence l'école à cinq ans.

Mme Dupont: Mais non, vous pouvez mettre votre enfant à l'école
maternelle† quand il a trois ans. Il y reste toute la journée
de 8h30 du matin jusqu'à 17 heures. C'est très bien

65 organisé.* On sert un déjeuner chaud, l'enfant fait la sieste, il
joue. La maternelle est gratuite, naturellement.

Mlle Fournier: Mais là aussi, il n'y a pas *suffisamment de* maternelles pour toutes les mamans qui veulent y mettre leur
enfant.

70 Mme Dupont: D'accord, d'accord. Mais les crèches et les maternelles existent, ce n'est qu'une question de temps... bientôt
il y aura *suffisamment d'*établissements.

Mlle Andrews: J'avoue que les crèches et les maternelles, c'est
déjà un bon début. Chez nous, l'école maternelle coûte

75 beaucoup d'argent.

Mme Dupont: On peut donc conclure* que la Française est moins
à plaindre que l'Américaine, il me semble.

Dr. Mazière: Là je ne suis pas du tout d'accord avec vous. Je
suis professeur, mais tous les postes† dans l'administration

80 sont occupés* par des hommes.

Mme Dupont: Mais, est-ce que les femmes se présentent?

Dr. Mazière: Oui, bien sûr, elles se présentent, mais le comité*
se compose d'hommes, et ils préfèrent choisir des hommes.

Mlle Fournier: C'est exactement la même situation dans tous les

85 secteurs† de l'économie.

Speakerine: Quel argument* ce comité utilise-t-il pour vous refuser*? Après tout, vous êtes médecin.

Dr. Mazière: Cela ne suffit pas, disent-ils. Je peux examiner*
un malade, l'opérer,* enseigner même, mais dans l'administra-

90 tion on donne des ordres,* et une femme ne doit pas avoir
des hommes sous ses ordres.

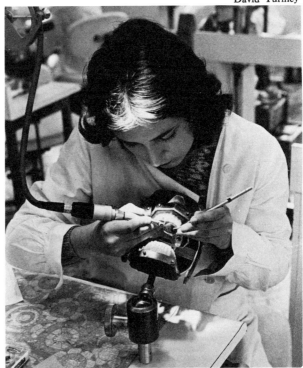

La femme exerce ses talents.

Il a fallu trop longtemps à la femme pour avoir des droits.

Mlle Fournier: Et cela serait intolérable* pour un homme d'être
obligé d'obéir à une femme.

95   Mme Dupont: Je me permets de vous rappeler que le Ministre
de la Santé est une femme.

Mlle Fournier: Bravo*! Voilà l'avancement* de la femme... donc
sur une vingtaine de ministres, il y a déjà une femme!

Mme Dupont: Il faut avoir de la patience.* Le fait que nous
sommes ici, à la télévision, *en train de* participer à un pro-
100   gramme pour les femmes, *au sujet des* femmes, dirigé par
une femme, prouve* que la femme est beaucoup plus libre
qu'avant.

Mlle Fournier: Mais le sujet, la libération de la femme en France,
prouve que la femme n'est pas encore libre.

105   Mme Dupont: Mais non, mais non...

Speakerine: Je regrette* infiniment* de vous interrompre,*
Mesdames, mais l'heure nous rappelle que la première partie
de notre émission est terminée et nous tâcherons à présent de
répondre aux questions posées par nos téléspectatrices...

Notes

1. **devoir** to owe. 2. **obéissance** obedience. 7. **si vous deviez** if you
had to; **lequel** which (one); **enverriez** (*du verbe* **envoyer**). 9. **doué**
gifted. 10. **toutes choses égales** all things being equal. 13. **chef** head.
14. **nourrir** to feed (lit. to nourish). 21. **prêt** ready. 22. **sous cet
angle-là** in that way (lit. under that angle). 26. **quitter** to leave.
27. **familial** = de famille. 29. **bref** in short. 30. **à la charge de** under
the care of. 32. **avis** opinion; **il a fallu** it has taken. 35. **constater** to
observe; **vous-même** yourself. 42. **crèche** day-care center (for infants).
45. **la journée** during the day. 47. **ce genre** = cette sorte. 53. **enfermé**
enclosed. 54. **garder** to watch. 58. **liste d'attente** waiting list.
59. **s'allonger** = devenir plus long. 61. **que** a la valeur de jusqu'a ce que.
62. **école maternelle** nursery school. 65. **sieste** nap. 66. **jouer** to
59. **s'allonger** = devenir plus long. 61. **que** a la valeur de jusqu'a ce que.
play; **gratuit** free (of charge). 77. **à plaindre** to be pitied. 81. **se
présenter** to apply. 85. **secteur** = domaine. 89. **malade** sick person,
patient; **enseigner** to teach. 94. **rappeler** to remind. 95. **santé**
(public) health. 96. **Bravo!** Hurrah! Wow! 97. **sur** out of. 98. **fait**
fact. 100. **diriger** to direct. 108. **tâcher** to try.

EXERCICES

A. *Répondez aux questions suivantes.*

1. Pourquoi Mme Dupont enverrait-elle son fils à l'université?
2. Quelle est l'idée de Mlle Fournier sur le mariage?
3. Quand est-ce que les jeunes quittent leur maison familiale?
4. Mme Dupont croit-elle au mouvement pour la libération de la femme?
5. Qu'est-ce que c'est que la crèche?
6. Y a-t-il des crèches en Amérique? Combien coûtent-elles?
7. D'après Mlle Andrews, quand est-ce que la libération de la mère commence?
8. Que font les enfants à l'école maternelle?
9. Selon le Docteur Mazière, quelles sortes de postes sont occupés par des hommes?
10. Pourquoi Mlle Fournier dit-elle « Bravo! » au sujet de la femme ministre?
11. D'après Mme Dupont, qu'est-ce qui prouve que la femme est plus libre maintenant?
12. Quelle est votre opinion sur Mlle Fournier et sur Mme Dupont? Quelles phrases semblent justifier votre opinion?

B. *Indiquez si les commentaires suivants sont vrais ou faux.*

1. Le Code Napoléon semble indiquer que la femme est tout à fait l'égale de l'homme.
2. Les jeunes n'ont pas besoin de rester à la maison familiale tant qu'ils ne gagnent pas leur propre vie.
3. Mme Dupont, conservatrice, ne semble pas croire au mouvement pour la libération de la femme.
4. D'après Mlle Andrews, la plupart des crèches en Amérique sont financées par le gouvernement fédéral.
5. Mlle Andrews croit que la femme ne sera pas libérée tant qu'elle restera enfermée à la maison.
6. Mme Dupont pense que le gouvernement augmentera le nombre des crèches et des maternelles.
7. Selon le Docteur Mazière, les femmes refusent de se présenter aux postes administratifs.
8. Mme Dupont est entièrement d'accord avec Mlle Fournier en ce qui concerne la libération des femmes.
9. Mlle Fournier préférerait voir plus de femmes ministres dans le gouvernement français.

10. La speakerine interrompt la discussion entre Mlle Fournier et Mme Dupont pour commencer la deuxième partie du programme.

C. *Exercices de lexique.*

1. Cherchez les mots qui sont définis ici.

Femme qui regarde la télévision.
Divisions dont une université se compose.
Établissement où la mère qui travaille peut laisser son enfant.
Femme qui s'occupe de la maison.
Action ou habitude d'obéir.
Qui ne coûte rien.
En quantité suffisante.
La personne qu'on consulte quand on est malade.
Sans beaucoup d'importance.
Qui a des talents.

2. Cherchez les mots indiqués.

responsable	→ (*nom*)	diriger	→ (*nom*)
avancer	→ (*nom*)	obéir	→ (*nom*)
changer	→ (*nom*)	suffisant	→ (*adverbe*)
patient	→ (*nom*)	exact	→ (*adverbe*)
établir	→ (*nom*)	infini	→ (*adverbe*)

D. *Complétez le paragraphe suivant en utilisant le vocabulaire du texte.*

Je _____ Anne-Marie Dupont. Je _____ mariée et ai deux _____. Je suis femme _____. A vrai dire, je ne _____ au mouvement pour la libération _____. A mon _____, _____ sont plus libres aujourd'hui _____ et elles n'ont pas _____ un tel mouvement. Mais il est évident que Mlle Fournier n'est pas _____ avec moi. Elle croit que _____ est l'union de deux _____ égaux à tous les points de vue. Je _____ qu'elle est trop impatiente. Heureusement que _____ a mis _____ à notre discussion!

E. *Croyez-vous au mouvement pour la libération de la femme? Complétez les phrases suivantes en utilisant le vocabulaire du texte.*

1. La femme doit pouvoir...

2. Le mariage doit...
3. La société doit...
4. La mère doit pouvoir...
5. La femme ne doit pas être obligée de...
6. Le père de famille doit...
7. Tous les hommes doivent...
8. Le gouvernement doit...

F. *Faites une question et posez-la à une des invitées du programme « Inter-Femmes » d'après ce modèle[1] :*

> Je m'appelle Marie-Claire Chevalier. Je suis étudiante à l'université. Permettez-moi de poser une question à Mlle Andrews : en Amérique est-il possible pour une femme de trouver un poste de direction dans une firme qui a, disons, à peu près cinquante employés?

---

1. Le professeur ou un étudiant pourrait répondre à la question, puis discuter la validité de la réponse. Si la question est vague, on pourrait demander à la « téléspectatrice » ou au « téléspectateur » de préciser la question.

QUATORZIÈME CHAPITRE

PRÉPARATION À LA LECTURE

■1. Le pronom relatif: complément d'objet direct

Le pronom relatif **que,** placé toujours en tête de la proposition relative, s'emploie comme complément d'objet direct.

Nous choisissons le médecin **que** nous voulons.
We choose the doctor whom (that) we want.

Ce que *(that which, what)* s'emploie dans une proposition sans antécédent.

Demandez **ce que** vous pouvez faire.   *Ask what you can do.*

2. Le participe présent

En + participe présent correspond aux locutions anglaises *while/ upon doing something* (pour la formation du participe présent, voir le Neuvième Chapitre).

En sortant de l'hôpital, on aura toutes sortes de dépenses.
Upon leaving the hospital, one will have all kinds of expenses.

3. L'emploi de « -ci » et « -là »

L'adjectif démonstratif suivi de **-ci** correspond à *this* ou *these;* quand il est suivi de **-là,** il correspond à *that* ou *those.*

cette fois-**ci**   *this time*
dans ce cas-**là**   *in that case*

■4. L'emploi de « si »

Comme conjonction:

Venez **si** vous êtes libre.   *Come if you are free.*

Comme adverbe, au lieu de **oui** dans une réponse affirmative à une négation ou à un doute *(doubt):*

Vous ne venez pas? —**Si.** *Aren't you coming? —Yes.*
Sans blague? —Mais **si.** *No kidding? —Why, of course not.*

Comme adverbe, pour renforcer* un adjectif ou un adverbe:

Pas **si** vite! *Not so fast!*
Il est **si** bête. *He is so dumb.*

■5. L'emploi de « même »

Comme adverbe:

C'est **même** pratique. *It's even practical.*

Comme adjectif:

Une prime du **même** montant. *A benefit of the same amount.*

Après un pronom personnel tonique:

moi-**même**	*myself*	nous-**mêmes**	*ourselves*
lui-**même**	*himself*	vous-**même(s)**	*yourself, yourselves*

■6. Expressions à retenir

lors de (= au moment de) *at the time of*
Il a dit ceci lors de son inauguration.

sans parler de *not to mention, let alone*
On demande les allocations familiales, sans parler des primes de maternité, de logements, etc.

rendre visite (à) *to visit (a person)*
Le médecin vous rend visite.

autrement dit = c'est-à-dire
Vous présentez les factures à l'état, autrement dit à la sécurité sociale.

avoir droit (à + nom, de + inf.) *to be entitled*
La femme a droit à quatre examens prénatals.
Elle a droit de recevoir 50% de son salaire.

à peine *hardly*
Ma femme est à peine restée trois jours à l'hôpital.

coûter cher = coûter beaucoup
Tout cela coûte cher.

Du berceau
au tombeau

John Long, journaliste américain, parle à l'écrivain français Pierre Legrand.

M. Long: Vous savez que *lors de* son inauguration* comme Président des États-Unis, John F. Kennedy a dit en s'adressant*
5   au peuple* américain: « Ne demandez† pas *ce que* votre Patrie peut faire pour vous, mais plutôt *ce que* vous pouvez faire pour votre Patrie. » Est-ce que le Français a la *même* conception* des rapports entre le citoyen et son pays?

M. Legrand: En France nous faisons une distinction* entre Patrie
10   et État. Un homme donne sa vie pour la Patrie, mais il demande la sécurité* sociale à l'état, *sans parler des* allocations† familiales, des primes† de maternité,* de logements, de vieillesse...

M. Long: Pas *si* vite, pas *si* vite. Je me perds dans tous ces
15   termes.*

M. Legrand: D'accord. J'oubliais que tous ces aspects* de l'assistance sociale vous sont étrangers. Ceux qui touchent† la majorité* des familles sont la sécurité sociale et les allocations familiales. Que je vous donne un exemple.* Disons que
20   vous tombez malade. Vous allez consulter* un médecin, ou il vient vous *rendre visite* à la maison, ensuite vous allez à la pharmacie* avec l'ordonnance.†

M. Long *(interrompant):* Et le pharmacien envoie la facture à l'état.

M. Legrand: Non, non. Pas *si* vite. Vous payez vous-*même,* et
25   sur place. Ensuite, vous présentez vos factures dûment payées à l'état, *autrement dit* à la sécurité sociale, et on vous rembourse* 75% des honoraires† médicaux et des frais d'ordonnance.

M. Long: Pouvez-vous choisir votre médecin? Car en Angleterre
30   où tous les soins médicaux sont gratuits, il faut consulter le médecin *que l'*état vous impose.*

M. Legrand: Évidemment, c'est un inconvénient† pour nos frères
de l'autre côté de la Manche, mais comme vous le dites, les
soins sont gratuits, tandis qu'en France, 25% sont à la charge
35   de l'individu.* Cela peut être lourd pour une famille pauvre.
Mais, pour revenir à votre question, nous sommes libres de
choisir le médecin *que* nous voulons.

M. Long: Il est donc vrai qu'en France l'état vous protège à
partir du berceau jusqu'au tombeau.

40   M. Legrand: *Si* vous voulez. On peut *même* dire que l'état
s'occupe† de vous à partir de votre conception.*

M. Long: N'exagérons pas quand même. La conception!

M. Legrand: Mais *si,* je parle sérieusement. Que je m'explique:
dès que sa grossesse est constatée, une femme *a droit à* une
45   prime qui correspond à 25% du salaire* de son mari.

M. Long: Vous voulez dire que l'état la paie pour porter un
enfant?

M. Legrand: En effet, parce que pendant la période* de grossesse
l'état considère que la femme joue un rôle important pour la
50   communauté. Elle *a donc droit à* quatre examens prénatals*
et l'état lui paie un supplément.*

M. Long: Sans blague!

M. Legrand: *Si, si.* Ce supplément est payé surtout pour améliorer
la santé publique. Il encourage* les femmes pauvres et peu
55   informées, c'est-à-dire une grande partie de la population,*
à se faire examiner régulièrement pendant leur grossesse. *Si*
les examens sont payés, tout le monde y va.

M. Long: Évidemment.

M. Legrand: Ce n'est pas tout. *Lors de* l'accouchement, la femme
60   *a droit à* douze jours de clinique† gratuits.

M. Long: Douze jours gratuits! Quand je pense que ma femme est
à peine restée† trois jours...

M. Legrand: Et le mari, lui, reçoit trois jours de congé payés.

M. Long: Trois jours de congé. Pourquoi? *(riant)* Parce qu'il a fait
65   un enfant à sa femme? C'est trop fort.

M. Legrand: Ne vous moquez pas de moi. Le mari a son congé
pour pouvoir aider sa femme quand elle rentre de la clinique.

M. Long: Pas *si* bête. C'est *même* très pratique.* L'état donne
l'impression* d'avoir une âme et presque d'être humain.

70   M. Legrand: Ce n'est pas tout. A la naissance, la mère reçoit
une prime d'à peu près cent cinquante dollars.

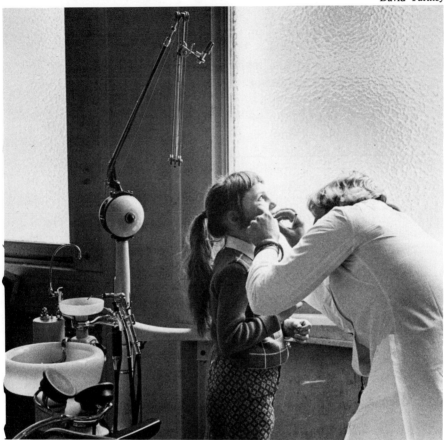

L'État veut que la santé publique soit la meilleure possible.

Le gouvernement encourage la croissance de la population.

M. Long: Et pourquoi cette fois-ci?

M. Legrand: Parce qu'en sortant de l'hôpital* avec un nouveau-né elle aura toutes sortes de dépenses† extraordinaires*: layette, meubles, etc. Elle recevra une deuxième prime du même montant six mois plus tard, *si* l'enfant est toujours en vie.

M. Long: La femme a-t-elle les *mêmes* droits *si* elle est salariée?

M. Legrand: Dans ce cas-là, le règlement est un peu différent. Elle *a* toujours *droit à* une prime correspondant à 25% du salaire de son mari, mais l'état veut l'encourager à cesser de travailler six semaines avant terme. Elle peut donc recevoir 50% de son salaire pendant les six dernières semaines de sa grossesse ainsi que pendant les huit semaines suivant l'accouchement.

M. Long: Quatorze semaines de congé, c'est beaucoup.

M. Legrand: C'est beaucoup pour l'employeur;* je ne sais pas *si* c'est beaucoup pour l'employée.* Mais tout ceci correspond à une philosophie* du gouvernement. Il veut que la santé publique, l'hygiène,* *autrement dit* la santé de la mère et de son enfant, soit la meilleure possible. Mais tout cela *coûte cher.* Chez vous, en Amérique, par exemple, un employé verse† 5½% de son salaire à la sécurité sociale, et l'employeur verse une somme équivalente.* En France, par contre, l'employé verse 5%, tandis que l'employeur, lui, verse à peu près 50% du salaire de son employé au gouvernement.

M. Long *(moqueur):* Eh bien, il y en a des femmes enceintes chez vous. Faites confiance aux Français!

M. Legrand: Voyons, Monsieur Long, soyez sérieux. Ce ne sont pas seulement les primes de maternité qui *coûtent cher* à l'état. Il y a aussi les allocations familiales. A partir du moment où une famille a deux enfants, le gouvernement participe à leurs frais. Soit un agent* de la Sécurité Sociale lui porte l'argent en liquide à domicile, soit il est versé dans son compte bancaire. Et vous serez sûrement étonné d'apprendre que *si* par hasard la femme est sortie, l'agent ne peut pas donner l'argent à son mari sans une autorisation* écrite de la femme. Pour vous donner une idée,* une famille qui a deux enfants reçoit à peu près $50 par mois, une famille de trois enfants $80 et pour quatre enfants elle reçoit $130, avec des primes supplémentaires* selon l'âge des enfants et le coût de la vie dans la région.

M. Long: En somme, tout ceci est à l'encontre de la politique†
américaine. En France le gouvernement tâche d'encourager
la croissance de la population, tandis qu'en Amérique, le
· 115 mouvement actuel† vise à la « croissance zéro ».

NOTES

Titre: **berceau** cradle; **tombeau** grave. 4. **dit** *participe passé de* **dire.**
6. **patrie** fatherland. 8. **rapport** relationship. 11. **allocations**
familiales family allowances. 12. **prime** benefit, allowance; **logement**
housing. 13. **vieillesse** old age. 14. **se perdre** to get lost.
16. **assistance** aid. 17. **ceux** those, the ones; **toucher** = (*ici*) concerner.
19. **Que je vous donne** Let me give you. 20. **tomber malade** to
become sick. 22. **ordonnance** = prescription médicale. 23. **facture**
bill. 25. **sur place** = immédiatement; **dûment** duly. 27. **honoraire**
fee. 30. **soin** care. 32. **évidemment** obviously. 34. **à la charge de**
chargeable to. 35. **lourd** heavy; **pauvre** = contraire de *riche.*
38. **protéger** = donner protection à. 43. **sérieusement** = de manière
sérieuse; **Que je m'explique** Let me explain what I mean.
44. **grossesse** pregnancy. 48. **en effet** indeed. 50. **communauté**
community. 56. **se faire examiner** = (*ici*) avoir un examen médical;
régulièrement = de manière régulière. 59. **accouchement** delivery.
60. **clinique** = hôpital privé. 64. **il a fait un enfant à sa femme** he made
his wife pregnant. 65. **trop fort** (*ici*) too much. 68. **Pas si bête** =
(*ici*) c'est plutôt intelligent. 69. **âme** soul. 73. **nouveau-né** newborn
baby. 74. **dépense** expense; **layette** = vêtements d'un nouveau-né.
75. **recevra** *le futur de* **recevoir;** **montant** = somme. 77. **être salarié**
= recevoir un salaire. 78. **règlement** regulation. 80. **cesser** to stop.
90. **soit** be. 91. **chez vous** = (*ici*) dans votre pays; **verser** = (*ici*) payer.
93. **somme** sum, amount. 96. **il y en a des femmes enceintes** there are
and there will be pregnant women. 97. **faire confiance à** to trust.
98. **voyons** come, now; **soyez** be. 103. **l'argent en liquide** cash; **à**
domicile = à la maison. 104. **bancaire** = de banque; **sûrement** surely.
105. **par hasard** by chance. 107. **écrit** *participe passé du verbe* **écrire.**
112. **en somme** = enfin. 114. **croissance** growth. 115. **viser** to aim.

EXERCICES

A. *Répondez aux questions suivantes.*

1. En quelle année est-ce que l'inauguration du président Kennedy a eu lieu?

2. A votre avis, quelle est la différence entre Patrie et État?

3. Quels sont les deux aspects de l'action sociale qui touchent
beaucoup de familles françaises?

4. Comment est-ce que la sécurité sociale rembourse les frais des soins médicaux?
5. Pourquoi le gouvernement paie-t-il la femme enceinte?
6. Combien de temps la femme peut-elle rester gratuitement à l'hôpital après l'accouchement?
7. Combien de temps Mme Long est-elle restée à l'hôpital?
8. Pourquoi la femme reçoit-elle les primes de maternité?
9. Combien d'argent est-ce que l'employeur français verse à la sécurité sociale?
10. A votre avis, pourquoi est-ce la femme et non pas le mari qui reçoit directement les allocations familiales?

B. *Indiquez si les commentaires suivants sont vrais ou faux.*

1. En France, le citoyen demande la sécurité sociale mais non pas les allocations familiales et les autres primes.
2. Les pharmaciens donnent l'ordonnance aux malades et envoient les factures à la sécurité sociale.
3. La sécurité sociale paie tous les frais des soins médicaux.
4. Le mari peut avoir trois jours de congé payés pour aider sa femme après l'accouchement.
5. Une femme salariée reçoit une prime qui correspond à 25% de son salaire dès que sa grossesse est constatée.
6. La femme qui a un enfant de six mois a droit à une prime d'à peu près 150 dollars.
7. La femme salariée peut avoir quatorze semaines de congé avec 50% de son salaire avant l'accouchement.
8. L'employeur français doit verser plus d'argent à la sécurité sociale que l'employeur américain.
9. Si une famille a deux enfants, la mère reçoit une prime chaque mois pour ses enfants.
10. La somme d'argent que la mère reçoit des allocations familiales dépend du nombre d'enfants dans la famille.

C. *Exercices de lexique.*

1. Cherchez dans le texte les mots indiqués.

famille	→ (*adjectif*)	banque	→ (*adjectif*)
médecine	→ (*adjectif*)	finance	→ (*adjectif*)
liberté	→ (*adjectif*)	loger	→ (*nom*)
supplément	→ (*adjectif*)	protection	→ (*verbe*)
mois	→ (*adjectif*)	consultation	→ (*verbe*)

2. Cherchez dans le texte l'antonyme des mots suivants.

différent	avantage
premier	employeur
riche	diminution
lentement	mort (*nom*)
exactement	avec

3. Cherchez les mots qui sont définis ici.

Liste d'un médecin pour prescrire (*prescribe*) des médicaments.

Note qui indique en détail les marchandises vendues.

Lit d'un très jeune enfant.

Vêtements d'un nouveau-né.

État d'une femme enceinte.

Établissement où les malades reçoivent des soins.

Somme d'argent donnée pour payer un service ou un travail.

Hôpital privé.

D. *Complétez les paragraphes suivants.*

La semaine _____ j'étais malade. Je suis allé _____ un médecin et il m'a donné _____. Je suis allé _____ et j'ai _____ des médicaments *(medicine)*. Tout cela m'a coûté 80 francs, mais plus tard _____ me remboursera _____ francs.

Madame Dupont vient d'apprendre qu'elle est _____. Elle aura droit à _____ correspondant à _____ % du _____ de sòn mari. M. Dupont _____ 4.500 francs par mois. Ella recevra donc une prime d'à peu près _____ francs chaque mois.

En France, si un _____ gagne 3.600 francs par mois, il verse _____ francs (_____%) de son salaire à la sécurité sociale, et _____ verse à peu près _____ francs. Par contre, aux États-Unis, une personne _____ gagne 12.000 dollars verse _____% de son salaire à l'état et son _____ ne verse qu'une somme _____ (c'est-à-dire _____ dollars).

QUINZIÈME CHAPITRE

PRÉPARATION À LA LECTURE

1. Le passé simple

Le passé simple n'est plus employé dans la langue parlée. Pour le moment, il suffit de le considérer comme une forme littéraire du passé composé.[1]

parler	finir	rendre
je parlai	je finis	je rendis
tu parlas	tu finis	tu rendis
il parla	il finit	il rendit
ils parlèrent	ils finirent	ils rendirent

avoir	être
j'eus	je fus
tu eus	tu fus
il eut	il fut
ils eurent	ils furent

La plupart des verbes irréguliers ont la voyelle **-i-** ou **-u-** dans la terminaison:

suivre	pouvoir	devoir
je suivis	je pus	je dus
tu suivis	tu pus	tu dus
il suivit	il put	il dut
ils suivirent	ils purent	ils durent

2. Le plus-que-parfait

Le plus-que-parfait (*past perfect*) se compose d'un auxiliaire à l'imparfait et du participe passé. Il exprime un fait passé qui a eu lieu avant un autre fait passé.

---

1. Dans la conjugaison des verbes, on n'a pas inclu les formes **nous** et **vous** qui s'emploient rarement au passé simple.

j'**avais** parlé	*I had spoken*
tu **avais** parlé	*you had spoken*
il **avait** parlé	*he had spoken*
nous **avions** parlé	*we had spoken*
vous **aviez** parlé	*you had spoken*
ils **avaient** parlé	*they had spoken*

j'**étais** venu	*I had come*
tu **étais** venu(e)	*you had come*
il **était** venu	*he had come*
nous **étions** venu(e)s	*we had come*
vous **étiez** venu(e)(s)	*you had come*
ils **étaient** venus	*they had come*

■**3.   Expressions à retenir**

dès   *as early as, from*

Dès le 16ᵉ siècle, les rois envoyaient des explorateurs au Nouveau Monde.

faire des économies   *to save money*

A sa place s'imposa l'esprit bourgeois, avec son désire de faire des économies et de réussir dans les affaires.

de plus en plus   *more and more*

Paris attira de plus en plus d'artistes et d'écrivains.

sur   *out of*

Sur huit millions de soldats mobilisés, un million et demi avaient été tués.

en plus de   *in addition to*

En plus des crises économiques, la France était déchirée par les guerres de décolonisation.

vis-à-vis (de)   *toward, with respect to*

Vis-à-vis des pays européens, la France adopte avec un certain plaisir l'arrogance de son chef.

les années soixante   *the sixties*

Les colonies sont devenues indépendantes au début des années soixante.

aux dépens de   *at the expense of*

Le mode de vie américain s'implante en France aux dépens de ses valeurs traditionnelles.

faire concurrence à   *to compete with*

Les Holiday Inns font concurrence aux petites auberges de province.

en dehors de   *out of*

Même la gastronomie française n'est plus en dehors du danger.

que... ou non   *whether . . . or not*

Que cette prévision se réalise ou non, la France a déjà fait preuve d'une richesse culturelle.

La France dans le monde

L'importance du rôle joué par la France dans le monde a varié* selon les époques. *Dès* le seizième siècle, les rois de France, désireux* d'étendre leur territoire,* envoyaient des explorateurs* et des missionnaires* au Nouveau Monde. Ainsi, au

5   dix-septième siècle, la France, qui était déjà le premier pays d'Europe par sa population (18 millions d'habitants comparé* à 6 millions en Angleterre), pouvait aussi se vanter de posséder l'étendue de terre allant de l'est du Canada à la Louisiane*— et on parle toujours français dans certaines* régions du Canada

10   et des États-Unis, dans la province du Québec et dans l'état de Louisiane par exemple. A cette même époque, la France éclipsait* ses voisins de l'Ancien continent* par ses arts, le raffinement* de son langage,* l'élégance de son théâtre, en un mot, par sa culture. Le personnage† du roi Louis XIV, surnommé le

15   Roi Soleil, incarnait* cette prétendue† supériorité.* Le palais de Versailles, avec ses jardins, ses splendeurs* architecturales, ses tableaux, ses miroirs et ses majestueuses fontaines,* était sans égal dans le monde occidental. Malgré plusieurs guerres qui étaient une lourde charge† pour le trésor royal, des sommes

20   presque illimitées avaient été dépensées non par unique† souci du bien-être royal, mais aussi pour impressionner les hôtes,*

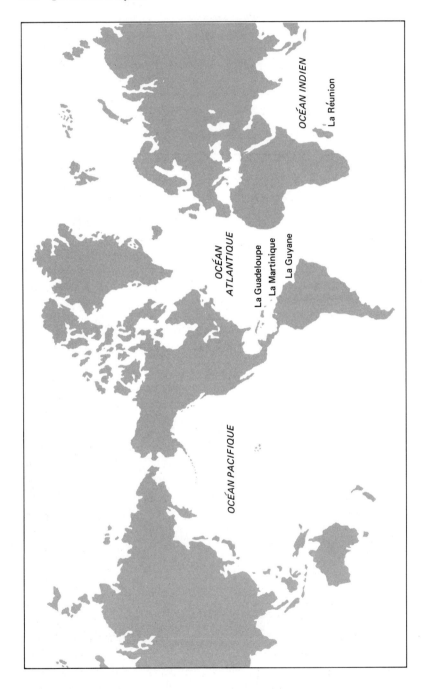

c'est-à-dire les dignitaires* étrangers. *Dès* 1680 on peut lire dans la correspondance* des ambassadeurs* de l'époque l'admiration et la jalousie* que suscitait cette somptueuse* façon de vivre.

25 Cependant, avec la Révolution de 1789, les guerres de Napoléon et la défaite de Waterloo en 1815, l'ère* de la grandeur* de la France se termina. A sa place s'imposa l'esprit bourgeois, avec son côté pratique et calculateur, son désir* de *faire des économies* et de réussir dans les affaires.† Ainsi, la

30 démocratie* entra en scène dans un monde où régnait la devise† « chacun pour soi ». Le Français bourgeois ne cherchait plus la gloire* mais la respectabilité* qui venait d'un revenu* assuré. On ne se passionnait plus pour les honneurs* sur le champ de bataille, mais pour la bourse avec ses placements† à 5

35 pour cent. La France continua son expansion outremer au cours du dix-neuvième siècle: elle acquit des territoires en Afrique* et conquit l'Indochine.* Pendant ce temps-là, la capitale française attira *de plus en plus* d'artistes, d'écrivains et de compositeurs. Paris devint la capitale artistique* du monde, rôle qu'elle

40 devait jouer jusqu'à nos jours.

La défaite de la France par l'Allemagne en 1871, défaite qui entraîna la cession au vainqueur de deux provinces françaises, l'Alsace et la Lorraine, porta un rude† coup aux Français. Si la France put connaître une revanche à la fin de la guerre de 1914–

45 18, ce ne fut qu'une victoire* illusoire,* tellement les pertes en vies humaines avaient été lourdes. *Sur* huit millions et demi de Français mobilisés, près d'un million et demi avaient été tués, plus de trois millions et demi blessés† et plus de 500.000 portés disparus. Après cette guerre meurtrière, le pays se trouva

50 appauvri physiquement et moralement, à tel point qu'en 1940 la France fut facilement vaincue après à peine un an de résistance aux forces* allemandes. Les cinq années d'occupation* allemande représentèrent le summum de l'humiliation* nationale. En effet, la France avait totalement perdu son statut† de

55 puissance européenne* aux yeux des grands chefs de l'époque: Roosevelt, Churchill et Staline. Pourtant, en exil* à Londres, entouré de quelques milliers de soldats, le général de Gaulle défendait* l'honneur de son pays. « La France a perdu une bataille! Mais la France n'a pas perdu la guerre! » Voilà le message* qu'il

60 envoya par radio de Londres aux habitants de son pays occupé.* Il les encourageait à reprendre la lutte pour une France libre, soit

Un pêcheur martiniquais au travail.

Marché en plein air — Pointe à Pitre, Guadeloupe.

L'avion supersonique «Concorde».

Paris—capitale de la mode.

137

en le rejoignant en Angleterre, soit en se livrant à des activités
de sabotage* et de résistance sur le territoire occupé.

Pendant la période d'après-guerre (1945–58), les crises se
65 succédèrent. Malgré son prestige, le général de Gaulle fut incapable de rester au pouvoir, tant le pays était divisé entre différentes factions politiques. *En plus des* crises économiques et
politiques, la France était déchirée par les guerres de décolonisation* d'Indochine (1946–54) et surtout d'Algérie (1954–62).
70 En 1958, pourtant, le général consentit* à reprendre le pouvoir
qu'il avait brièvement occupé dans les premiers mois qui avaient
suivi la fin de la guerre. Mais cette fois-ci, il exigea un pouvoir
beaucoup plus étendu. La France a donc échangé* la démocratie
tumultueuse de la Quatrième République pour la stabilité du
75 système paternaliste* que lui offrait la Cinquième République.

Pendant la décade* qui suivit, de Gaulle chercha à rendre
à la France son prestige de puissance européenne et même mondiale. Les gouvernants qui se sont succédés depuis la mort du
général se sont largement inspirés de ses idées politiques. Si *vis-à-*
80 *vis* des autres pays européens, la France a adopté* avec un
certain plaisir l'arrogance* de son chef, *dès les années soixante,*
c'est de Gaulle qui parla le premier du danger de la domination
américaine, un danger non seulement pour l'économie, mais surtout pour les valeurs† de la civilisation européenne, et la menace*
85 de voir un jour le mode† de vie américain s'implanter en France
aux dépens de ses valeurs traditionnelles. Malgré les avertisse-
ments† que la France lance à ses partenaires européens, elle-
même s'américanise* et voit plusieurs de ses institutions et cou-
tumes disparaître. La classe des petits commerçants, par exemple,
90 se sent menacée,* avec justesse, par les supermarchés qui s'ouvrent
systématiquement à travers tout le pays. Des chaînes* hôtelières
multinationales, telles que Holiday Inns, *font concurrence aux*
petites auberges de province. Même la gastronomie* française
n'est plus *en dehors du* danger quand MacDonald s'implante sur
95 les Champs-Élysées.

Sur le plan† économique, depuis la deuxième guerre mondiale, la stabilité du gouvernement et l'adoption d'une série* de
plans de développement permettent à la France d'augmenter sa
production industrielle* de 122 pour cent depuis 1949. La for-
100 mation* de la Communauté européenne qui comprend plus de 170

millions de consommateurs lui fournit un marché pour ses produits. De plus, la France a conservé† non seulement des liens†
culturels, mais des rapports commerciaux* avec les pays francophones d'outremer, c'est-à-dire les anciennes colonies françaises
105 qui sont devenues indépendantes au début *des années soixante.* Il
y a quelques années, le Hudson Institute, un centre de recherches
économiques américain, affirmait, en effet, que dans *les années*
quatre-vingts la France serait la première puissance économique
d'Europe occidentale. *Que* cette prévision se réalise *ou non,* la
110 France a déjà fait preuve d'une richesse culturelle qui mérite de
l'intérêt.

Notes

2. **époque** = période.   3. **étendre** to extend.   6. **habitant** inhabitant.
7. **se vanter** to boast; **posséder** to possess.   8. **étendue** stretch.
12. **voisin** neighbor.   14. **personnage** person; **surnommé** = connu
comme.   15. **prétendu** supposed.   17. **tableau** painting; **miroir**
mirror; **majestueux** majestic.   18. **occidental** = de l'ouest.   19. **charge**
burden; **trésor** treasury.   20. **illimité** = sans limites; **unique** = seul.
21. **bien-être** well-being.   24. **susciter** to rouse; **façon de vivre** way of
life.   27. **esprit** = mentalité.   28. **calculateur** calculating.   29. **réussir** =
avoir du succès.*   30. **entrer en scène** to enter on the scene; **régner** to
reign.   31. **devise** motto; **chacun pour soi** each man for himself.
33. **se passionner (pour)** = s'intéresser beaucoup (à).   34. **champ de**
bataille battle field; **bourse** stockmarket; **placement** investment.
35. **pour cent** percent.   36. **acquit** = passé simple d'**acquérir** (*to acquire*).
37. **conquit** = passé simple de **conquérir** (*to conquer*).   40. **devait jouer**
was to play.   42. **entraîner** to bring about; **cession** surrender;
vainqueur victor.   43. **porter un rude coup** to be a heavy blow.
44. **revanche** revenge.   46. **vie** life.   47. **près de** = approximativement.
48. **tué** killed; **blessé** wounded.   49. **porté disparu** missing in
action; **meurtrier** murderous.   50. **appauvri** impoverished;
moralement morally; **à tel point** to such an extent.   51. **facilement**
easily; **vaincu** defeated.   52. **allemand** = de l'Allemagne.   53. **summum**
height.   54. **statut** status.   55. **puissance** = pouvoir; **aux yeux de** in
the eyes of; **chef** leader.   56. **Londres** London.   57. **millier**
thousand; **soldat** soldier.   61. **reprendre** to take up; **lutte** struggle.
62. **se livrer** = se consacrer.   64. **se succéder** = venir l'un après l'autre.
66. **tant** = à tel point.   68. **déchiré** torn.   71. **brièvement** briefly.
72. **fois** time; **exiger** to demand.   73. **étendu** broad.   77. **mondial** =
du monde.   78. **gouvernant** = personne qui gouverne un état; **mort** death.

79. **s'inspirer**   to be inspired.   84. **valeur**   value.   85. **mode de vie**
way of life;   **s'implanter**   to be implanted.   86. **avertissement**   warning.
87. **lancer** = donner avec force.   88. **coutume**   custom.   89. **disparaître**
to disappear.   90. **se sentir**   to feel;   **avec justesse**   rightly so.
91. **hôtelier** = (*ici*) des hôtels.   93. **auberge**   inn.   96. **sur le plan** = dans
le domaine.   101. **consommateur**   consumer.   102 **de plus** = en plus;
conserver   to preserve;   **lien**   tie.   103. **rapport**   relationship;
francophone = qui parle français.   109. **prévision** = (*ici*) prédiction.
110. **richesse**   richness;   **mériter**   to be worthy of.

EXERCICES

A.   *Répondez aux questions suivantes.*

1.   Dans quelles régions de l'Amérique du Nord parle-t-on
      français?
2.   Par quoi est-ce que la France éclipsait ses voisins?
3.   A quelle époque régnait la devise « chacun pour soi »?
4.   A quelle époque est-ce que Paris a commencé à devenir la
      capitale artistique du monde?
5.   Qu'est-ce qui a représenté le summum de l'humiliation
      nationale pour la France?
6.   Quel message le général de Gaulle a-t-il envoyé de Londres?
7.   Pourquoi est-ce que la domination américaine de l'Europe
      peut être dangereuse?
8.   Comment est-ce que le mode de vie américain a commencé
      à s'implanter en France?
9.   Qu'est-ce que c'est que la Communauté européenne?
10. La prédiction du Hudson Institute vous semble-t-elle juste?

B.   *Indiquez si les commentaires suivants sont vrais ou faux.*

1.   Au dix-septième siècle, la France possédait un vaste territoire
      dans l'Amérique du Nord.
2.   Le magnifique palais de Versailles fut construit surtout pour
      le bien-être du roi Louis XIV.
3.   Le bourgeois français se passionnait plus pour les honneurs
      militaires que pour la bourse.
4.   La France perdit l'Alsace et la Lorraine après la guerre
      meurtrière de 1914-18.
5.   Le général de Gaulle était en Angleterre lorsqu'il envoya
      son célèbre message aux Français.
6.   Le général de Gaulle était le premier chef du gouvernement
      de la Cinquième République.

7. Pendant la période d'après-guerre, la France était déchirée par des crises politiques et économiques et les guerres de décolonisation.
8. La domination américaine a été telle que les valeurs traditionnelles françaises ont toutes disparu.
9. La France a perdu tous les liens avec les pays qui avaient été ses colonies.
10. La Communauté européenne et les pays francophones fournissent à la France un marché important pour ses produits.

C. *Exercices de lexique.*

1. Cherchez dans le texte les mots indiqués.

variation	→ (*verbe*)	supérieur →	(*nom*)
possession	→ (*verbe*)	perdre →	(*nom*)
incarnation	→ (*verbe*)	résister →	(*nom*)
impression	→ (*verbe*)	riche →	(*nom*)
acquisition	→ (*verbe*)	occident →	(*adjectif*)
attraction	→ (*verbe*)	calculer →	(*adjectif*)
élégant	→ (*nom*)	monde →	(*adjectif*)
splendide	→ (*nom*)	roi →	(*adjectif*)

2. Cherchez dans le texte l'antonyme des mots suivants.

ancien	dépendant
dernier	ouest
limité	infériorité
victoire	paix
au début	gagner

3. Indiquez le mot qui n'appartient pas à chaque série.

   ère—lien—décade—époque—période
   marché—produit—miroir—commerçant
   brièvement—facilement—largement—placement
   blessé—malgré—tué—déchiré
   auberge—bataille—guerre—défaite
   revenu—affaires—boursc—revanche
   roi—soldat—lutte—commerçant—habitant

D. *Faites une association d'idée entre les mots du groupe A et ceux du groupe B.*

A	B
Louis XIV	les Holiday Inns
Pays francophones d'outremer	la période d'après-guerre
Chaîne hôtelière	la défaite de Waterloo
Perte de l'Alsace et de la	la guerre franco-prussienne
Lorraine	la Cinquième République
Napoléon	le palais de Versailles
Charles de Gaulle	l'occupation allemande de la
Guerres de décolonisation	France
La deuxième guerre mondiale	les anciennes colonies françaises

E. *Rétablissez l'ordre chronologique des événements suivants.*

L'exploration de l'Amérique du Nord
La deuxième guerre mondiale
La construction du palais de Versailles
La guerre de décolonisation d'Indochine
La Révolution de 1789
La Cinquième République
La première guerre mondiale
La perte de deux provinces françaises
La défaite de Napoléon à Waterloo
La guerre de décolonisation d'Algérie

LEXIQUE

This vocabulary includes all the words that occur in the text with the exception of the following:

1. Subject and object pronouns
2. Definite and indefinite articles
3. Cardinal and ordinal numbers

Irregular verb forms and stems are entered individually when necessary, rather than under the infinitive form. Irregular noun plurals and feminine forms are indicated in parentheses. Regular feminine forms of adjectives are shown by **(e)** after the masculine forms. Numbers in parentheses refer to the chapter and the subheading of the **Préparation à la lecture** in which a given idiom, structure, or verb is presented.

à   to, at; with (4.2)
abondamment   abundantly
abord   *see* **d'abord**
abri *m.*   shelter
abus *m.*   abuse
absolu(e)   absolute
absolument   absolutely
accent *m.*   accent
accepter   to accept
accident *m.*   accident
accord *m.*   agreement; **d'accord**
   OK, agreed; **être d'accord avec**
   to agree with
s'accorder avec   to agree with
acheter   to buy
acquérir   to acquire
acquit   *see* **acquérir**
actif (*f.* active)   active
action *f.*   action
activité *f.*   activity
actuel (*f.* actuelle)   present, current;
   à l'heure actuelle   right now
actuellement   at present
adieu (*pl.* adieux)   good-bye
adjectif *m.*   adjective
admettre   to admit
administration *f.*   administration

admiration *f.*   admiration
admiré(e)   admired
admirer   to admire
admis(e)   admitted
admission *f.*   admission
adopter   to adopt
adoption *f.*   adoption
adorer   to love
adresse *f.*   address
s'adresser   to address
adulte *m.* and *f.*   adult
adverbe *m.*   adverb
adverbial(e)   adverbial
aérien (*f.* aérienne)   air
affaire *f.*   affair; business; **homme**
   d'affaires   businessman
affirmatif (*f.* affirmative)   affirmative
affirmer   to affirm
Afrique *f.*   Africa; **Afrique du Nord**
   North Africa
âge *m.*   age; **quel âge avez-vous?**
   how old are you?
âgé(e)   old
agence *f.*   agency
agent *m.*   agent
s'agir   to be a question of; **il s'agit**
   de   it is a matter of (11.4)

agneau *m.* lamb
agriculture *m.* agriculture
ah ah, oh
aider to help
ail *m.* garlic
ailleurs elsewhere; **d'ailleurs** besides (10.4)
aimable kind
aimer to like
ainsi thus (3.3); **ainsi que** as well as (5.4)
air *m.* air; **plein air** outdoor gym; **avoir l'air** to seem (9.5)
ajouter to add
Algérie *f.* Algeria
Allemagne *f.* Germany
allemand(e) German
aller (4.4) to go; **aller à pied** to go on foot (3.3); **ça ira** that will do (8.7); **allons-y** let's go
allocation *f.* allowance
s'allonger to grow long or longer
alors then; in that case
Alpes *f. pl.* Alps
altitude *f.* altitude
amant *m.* lover
amabilité *f.* kindness
ambassadeur *m.* ambassador
âme *f.* soul
améliorer to improve; **s'améliorer** to improve
amer (*f.* **amère**) bitter
Americain *m.* (*f.* **Américaine**) American
américain(e) American
s'américaniser to adopt American way of life
Amérique *f.* America
ami *m.* friend; boyfriend
amie *f.* friend, girlfriend
amusant(e) fun
an *m.* year; **avoir dix ans** to be ten years old (2.5); **par an** per year
ancien (*f.* **ancienne**) former (*before a noun*); ancient, old (*after a noun*)
anglais(e) English
angle *m.* angle; view
Angleterre *f.* England
année *f.* year; **les années soixante** the sixties (15.3)

antonyme *m.* antonym
août *m.* August
appartement *m.* apartment
appartenir à to belong to (9.5)
appartient *see* **appartenir**
appauvri(e) impoverished
appel *m.* call; **faire appel** to appeal (11.4)
appeler to call; **s'appeler** to be called, one's name is
appétit *m.* appetite
apporter to bring
appréciation *f.* evaluation
apprécier to appreciate
apprendre (10.5) to learn
approcher (de) to approach
approprié(e) appropriate
approximatif (*f.* **approximative**) approximate
approximativement approximately
appuyer to lean; to press
après after; **d'après** according to (6.4)
après-midi *m.* and *f.* afternoon
arbre *m.* tree
arc *m.* **Arc de Triomphe** Arch of Triumph
architecte *m.* architect
architectural(e) architectural
architecture *f.* architecture
argent *m.* money; **argent en liquide** cash
argot *m.* argot, slang
argument *m.* argument
armée *f.* army
armoire *f.* wardrobe
arriver to arrive; to happen
arrogance *f.* arrogance
arroser to water; to wash down
art *m.* art
article *m.* article
artificiel (*f.* **artificielle**) artificial
artiste *m.* artist
artistique artistic
aspect *m.* aspect
aspiration *f.* aspiration
assaisonné seasoned, spicy
assassiné(e) murdered
assemblée *f.* assembly
s'asseoir to sit down (11.5)
assis(e) seated
assistance *f.* aid, assistance

assurer to assure; to insure
Atlantique *m.* atlantic
attaché(e) attached
atteindre to reach
attente *f.* waiting
attirer to attract
attitude *f.* attitude
attribuer to attribute
auberge *f.* inn
aucun(e) not a single . . .
augmenter to augment, increase
aujourd'hui today
aur- *see* **avoir** (8.1)
aussi also, too (3.3); **aussi... que**
as . . . as (10.4); **aussi bien que**
as well as (11.4)
austère austere
autant (de) as many (much); **autant**
que as many (much) as (11.4)
autocar *m.* (interurban) bus
autorisation *f.* authorization
autoroute *f.* freeway
auto-stop *f.* **faire de l'auto-stop** to
hitchhike (9.5)
autre other
autrement dit in other words, that
is (14.6)
auxiliaire *m.* auxiliary
avancement *m.* advancement
avant before
avantage *m.* advantage
avec with (1.5)
aventure *f.* adventure
avenue *f.* avenue
avertissement *m.* warning
avion *m.* airplane
avis *m.* opinion; **à mon avis** in my
opinion
avoir to have; **avoir dix ans** to be
ten years old (2.5); **avoir de la**
chance to be lucky (7.5); **avoir**
l'air to seem (9.5); **avoir lieu**
to happen (9.5); **en avoir marre**
de to be sick and tired of
(9.5); **avoir droit** to be
entitled (14.6)
avortement *m.* abortion
avouer to confess
avril *m.* April

baccalauréat *m.* *national*
examination following the study
at a lycée

baguette *f.* long, thin loaf of
French bread
baignoire *f.* bathtub
bain *m.* bath; **salle de bains**
bathroom; **bain de pieds**
footbath
bancaire (pertaining to) bank
banlieue *f.* suburbs
banque *f.* bank
baroque baroque
bataille *f.* battle; **champ de bataille**
battlefield
bateau *m.* (*pl.* **bateaux**) boat
bâtiment *m.* building
battre to beat
beau (*f.* **belle**) beautiful; good-
looking
beaucoup (de) much, many (8.3)
Beaujolais *m.* Beaujolais
(Burgundy) wine
beau-parent *m.* parent-in-law
bébé *m.* baby
Belgique *f.* Belgium
bénéficier to benefit, profit
berceau *m.* (*pl.* **berceaux**) cradle
besoin *m.* need; **avoir besoin de**
to need (12.4)
bête stupid, dumb
bêtise *f.* stupidity, stupid act
beurre *m.* butter
bidon *m.* (water) can; (*colloq.*) not
serious
bien well; very (9.2); **eh bien** well;
bien sûr of course; **très bien**
very well, fine; **bien chaud**
very hot; **bien des** many (9.5);
aussi bien que as well as; **faire**
bien de + inf. to do well to
(9.5); **aussi bien... que** as well
as (11.4)
bien-être *m.* well-being
bientôt soon
bilatéral(e) bilateral
blague *f.* joke; **sans blague?** no
kidding?
blanc (*f.* **blanche**) white; **la Maison**
Blanche the White House
blessé(e) wounded
bœuf *m.* beef
boire to drink (8.8)
bois *m.* wood; **en bois** (made of)
wood
boîte *f.* box; *colloq.* school

bon (*f.* **bonne**) good; **bon!** fine!;
  bon marché cheap; **de bonne
  heure** early (11.4)
bonjour hello
bonne *f.* maid
botte *f.* boot
bouche *f.* mouth
boucher *m.* butcher
boucherie *f.* butcher shop
bouffonnerie *f.* buffoonery,
  clownery
bouillabaisse *f.* *a sort of spicy fish
  stew*
boulanger *m.* baker
boulangerie *f.* bakery
boulevard *m.* boulevard
bouquin *m. colloq.* book
bourgeois(e) middle-class person
bourgeoisie *f.* middle class
Bourgogne *f.* Burgundy
Bourguignon *m.* Burgundian
bourguignon (*f.* **bourguignonne**)
  Burgundian
bourse *f.* stockmarket
bout *m.* end; **d'un bout à l'autre**
  from one end to the other (3.3)
bouteille *f.* bottle
bouton *m.* button
branche *f.* branch
bravo! hurray!
bref in short
Bretagne *f.* Brittany
Breton *m.* Britton, inhabitant of
  Brittany
breton *m.* language spoken in
  Brittany
breton (*f.* **bretonne**) Britton, of
  Brittany
brie *m.* brie cheese
brièvement briefly
brochure *f.* brochure
bureau *m.* bureau, office
but *m.* goal, purpose

ça that
cadre *m.* managerial staff
café *m.* coffee; café
calculateur (*f.* **calculatrice**)
  calculating
Californie *f.* California
calme calm

camembert *m.* camembert (soft
  Normandy) cheese
campagne *f.* country
Canada *m.* Canada
capacité *f.* capacity
capitale *f.* capital
car for, because
caractère *m.* character
caractéristique *f.* characteristics
caractériser to characterize; **se
  caractériser** to be characterized
cardinal(e) cardinal
carnet *m.* notebook
carte *f.* map; card; **carte postale**
  postcard
cas *m.* case; **en tout cas** in any
  case (9.5); **dans ce cas-là** in
  that case
cause *f.* cause; **à cause de** because
  of (5.4)
ce this, that (2.2)
ceci this
céder to yield, give
cela that
célèbre famous
célébrer to celebrate
celtique Celtic
cent one hundred; **pour cent**
  percent
central(e) central
centre *m.* center; **au centre** in the
  middle
cependant however
cerise *f.* cherry
certain(e) certain
ces these, those (2.2)
cesser to stop
cession *f.* surrender
c'est-à-dire that is (to say)
cet *see* **ce**
cette *see* **ce**
ceux those, the ones
chacun(e) each; **chacun pour soi**
  each man for himself
chaîne *f.* chain; channel (T.V.)
chambre *f.* chamber; **chambre à
  coucher** bedroom
champ *m.* field; **champ de bataille**
  battlefield
chance *f.* luck; **avoir de la chance**
  to be lucky (7.5)
changement *m.* change

changer (de) to change
chapeau *m.* (*pl.* **chapeaux**) hat
chaque each
charrette *f.* cart
charge *f.* care; burden; **à la charge
de** under the care of;
chargeable to
charger to entrust
château *m.* (*pl.* **châteaux**)
chateau, castle
charcuterie *f.* pork-butcher shop,
delicatessen
charcutier *m.* pork-butcher
chaud(e) hot
chauffage *m.* heating
chaussure *f.* shoe
chef *m.* head, leader
chemin *m.* path, road; **chemin de
fer** railroad
chêne *m.* oak
cher (*f.* **chère**) expensive; **coûter
cher** to cost a lot (14.6)
chercher to look for; **chercher à**
to try
cheveux *m. pl.* hair
chez at (to) the home (shop, office)
of; with (*people*)
chimie *f.* chemistry
choc *m.* shock
choisir to choose
choix *m.* choice
chose *f.* thing; **quelque chose**
something
chronologique chronological
chute *f.* fall
-ci (*with a dem. adj.*) this, these
(14.3)
cidre *m.* cider
cinéma *m.* movies
cinquième fifth
circulaire circular
citoyen *m.* citizen
civilisation *f.* civilization
classe *f.* class
clef *f.* key
clément(e) mild
climat *m.* climate
clinique *f.* private hospital
code *m.* code, law
cœur *m.* heart, center
coin *m.* corner
collaboration *f.* collaboration

colonie *f.* colony
combien (de) how much, how many
(4.3, 9.3)
comité *m.* committee
comme as, like (8.4); how (8.4)
commencer to begin
comment how; how come
commentaire *m.* comment,
commentary
commerçant *m.* merchant
commerce *m.* commerce, business
école de commerce business
school
commercial(e) commercial
commode convenient
communauté *f.* community
communication *f.* communication
communiste communist
compagnie *f.* company
comparable comparable
comparatif *m.* comparative
comparer to compare
compenser to compensate
complet *m.* suit
compléter to complete
composé(e) composed; compound
composer to compose; **se composer
de** to consist of
compositeur *m.* composer
comprendre to understand; to
include
compris *see* **comprendre**
compris(e) included
comptabilité *f.* accounting (office)
compte *m.* account; **se rendre
compte** to realize (7.5); **en fin
de compte** all things
considered (9.5)
compter to count; to figure; to
intend
conception *f.* conception, idea;
conceiving
concerner to concern; **en ce qui
concerne** concerning (12.4)
conclure to conclude
concurrence *f.* competition; **faire
concurrence** to compete (15.3)
condition *f.* condition
confiance *f.* confidence; **faire
confiance à** to trust
confortable comfortable
congé *m.* leave

congrès *m.* congress
conjugaison *f.* conjugation
se conjuguer to be conjugated
connaiss- *see* **connaître**
connaître to know (10.5)
conquérir to conquer
conquit *see* **conquérir**
se consacrer to be devoted
conseil *m.* council; advice
conseiller to advise
consentir to consent
conséquent(e) consequent; **par conséquent** consequently (6.4)
conservateur (*f.* **conservatrice**) conservative
conserve *f.* can, canned food
conserver to preserve
considérer to consider
consommateur *m.* consumer
constamment constantly
constant(e) constant
constater to witness, observe
constitution *f.* constitution
construction *f.* construction
construit(e) built, constructed
consulter to consult
contenir to contain (3.4)
content(e) content
se contenter (de) to be content (with)
contenu *m.* content
contient *see* **contenir**
continent *m.* continent
continuer to continue
contraire contrary, opposite; **au contraire** on the contrary (10.4)
contre against; **par contre** on the other hand (6.4)
contrôler to check
corps *m.* body
correspondance *f.* correspondence
correspondant(e) corresponding
correspondre (à) to correspond (to)
costume *m.* costume, regional clothes
côte *f.* coast
côté *m.* side; **à côté (de)** next to; **du côté (de)** on the side of
se coucher to go to bed; **chambre à coucher** bedroom
couchette *f.* economy-class berth

couler to flow
couleur *f.* color
coup *m.* blow; **porter un rude coup** to be a heavy blow
coupé(e) cut, sliced
cour *f.* courtyard
courant *m.* current; course
courant(e) current, recent
courir to run
cours *m.* flow (of water); course
course *f.* errand
coût *m.* cost; **coût de la vie** cost of living
coûter to cost; **coûter cher** to cost a lot (14.6)
coutume *m.* custom
couvre *see* **couvrir**
couvrir to cover
crèche *f.* daycare center for infants
crémier *m.* dairy merchant
crémerie *f.* dairy
crier to shout
crise *f.* crisis
croire to believe (10.5)
croisement *m.* intersection
croissance *f.* growth
cru *see* **croire**
cuillère *f.* spoon; **cuillère à café** teaspoon; **cuillère à soupe** soupspoon
cuisine *f.* kitchen; cooking
cuit cooked
culte *m.* worship, religion
cultivateur *m.* cultivator, farmer
cultiver to cultivate
culture *f.* culture
culturel (*f.* **culturelle**) cultural

d'abord first
danger *m.* danger
dangereux (*f.* **dangereuse**) dangerous
dans in, inside (1.5)
danser to dance
date *f.* date
de of, about; from; by, with (5.3)
débat *m.* debate, discussion
debout up, standing up
débraillé(e) unkempt
début *m.* beginning; **au début (de)** in the beginning (of)
débutant *m.* (*f.* **débutante**) beginner

débuter to start out
décade *f.* decade
décembre *m.* December
déchiré(e) torn
décision *f.* decision; **prendre une décision** to make a decision (2.5)
se décider to settle, decide
déclaration *f.* declaration
décolonisation *f.* decolonization
découvrir to discover (9.6)
défaite *f.* defeat
défendre to defend
défense *f.* defense
défini(e) definite; defined
dehors outside; **en dehors de** out of (15.3)
déjà already
déjeuner *m.* lunch
déjeuner to have lunch
demain tomorrow
demande *f.* request (form)
demander to ask (for); **se demander** to wonder (8.7)
demi(e) half; **midi et demi** twelve-thirty
demi-million *m.* half million
démocratie *f.* democracy
démonstratif (*f.* démonstrative) demonstrative
démoralisé(e) demoralized
département *m.* department
se dépêcher to hurry
dépendre (de) to depend (on)
dépens *m.* expense; **aux dépens de** at the expense of (15.3)
dépense *f.* expenditure
dépenser to spend
depuis since, ever since; **depuis... jusqu'à** from . . . to (11.4); **depuis que** since
dernier (*f.* dernière) last
dès as early as, beginning (15.3); **dès que** as soon as (10.4)
descendre to go down
description *f.* description
désespéré(e) driven to despair
désespoir *m.* despair
désireux (*f.* désireuse) desirous
désirer to wish
désordre *m.* disorder
désir *m.* desire

désirer to wish
dessert *m.* dessert
dessiné(e) designed
destiné intended
détaillé(e) detailed
détente *f.* relaxation
deuxièmement second(ly)
développement *m.* development
développer to develop
devenir to become (3.4)
devient *see* **devenir**
deviner to guess
devise *f.* motto
devoir to have to, must; to owe (7.6)
devr- *see* **devoir**
dialecte *m.* dialect
différent(e) different
difficile difficult
diffusé(e) circulated, distributed
digne worthy
dignitaire *m.* dignitary
dimanche *m.* Sunday
dîner to have dinner, to dine
diplomatie *f.* diplomacy
diplôme *m.* diploma
dire to tell, say (13.5); **à vrai dire** to tell the truth (7.5); **vouloir dire** to mean (11.4); **disons** let's say
direct(e) direct
direction *f.* direction; management; **secrétaire de direction** executive secretary
diriger to direct; to manage
discours *m.* speech
disons *see* **dire**
disparaître to disappear
disparu disappeared; **porté disparu** missing in action
disproportion *f.* disproportion
distance *f.* distance
distinction *f.* distinction
divers(e) diverse, various
divisé(e) divided
docteur *m.* doctor
dois *see* **devoir**
doiv- *see* **devoir**
dollar *m.* dollar
domaine *m.* domain, area
domestique *m.* servant
domicile *m.* residence

domination *f.*   domination
dominer   to dominate
dommage *m.*   damage; **c'est
dommage**   it's a pity (10.4)
donc   so, therefore
donner   to give; **donner sur**   to
look out on (10.4)
dont   of which (whom), whose
dormir   to sleep (7.6)
dort   *see* **dormir**
dossier *m.*   paper, document
douche *f.*   shower
doué(e)   gifted
douzaine *f.*   dozen
doux (*f.* **douce**)   mild
drame *m.*   drama
droit *m.*   right; **avoir droit**   to be
entitled (14.6)
droite *f.*   right-hand
dûment   duly
durée *f.*   duration
durer   to last

eau *f.*   water
échanger   to exchange
échapper (à)   to escape
échevellé(e)   disheveled
éclipser   to eclipse, overshadow
école *f.*   school; **faire l'école de ski**
to take skiing lessons
économie *f.*   economy; saving; **faire
des économies**   to save money
(15.3)
économique   economic(al)
économiquement   economically
économiser   to save, economize
écrasant(e)   crushing, overwhelming
écraser   to crush
écrire   to write (8.8)
écrit(e)   written
écrivain *m.*   writer
éducation *f.*   education
éduqué(e)   educated
effet *m.*   effect; **en effet**   indeed
effort *m.*   effort
égal(e)   equal; **toutes choses égales**
all things being equal
église *f.*   church
élégance *f.*   elegance
élève *m.* and *f.*   pupil, student
élevé(e)   tall, high
élu(e)   elected

embrasser   to kiss; to hug
émission *f.*   broadcasting, telecasting
empire *m.*   empire
emploi *m.*   use; **emploi du temps**
schedule
employé *m.* (*f.* **employée**)   employee
employer   to use
employeur *m.*   employer
en   in (*prep.* 1.5); **en + *pres. part.***
while (by) doing (14.2)
en   some; of it; of them (*pron.* 13.3)
enceinte   pregnant
encombrant(e)   cumbersome
encontre de (à l')   in contrast with
(11.4)
encore   still, again, yet; **pas encore**
not yet
encourager   to encourage
endroit *m.*   place, spot
enfant *m.* and *f.*   child
enfermé(e)   enclosed
enfin   in short; oh well; finally
énorme   enormous
enseigner   to teach
ensemble   together; **tous ensemble**
everyone together
ensuite   then, afterward
entendre   to hear; **entendre parler
de**   to hear about (12.4); **bien
entendu**   of course
entièrement   entirely
entité *f.*   entity
entourer   to surround
entraîner   to bring about
entre   between (1.5); among
entrée *f.*   entrance
entrer   to enter; **entrer en scène**   to
come on the scene
envahir   to invade
enverr-   *see* **envoyer**
envers   toward
environ   approximately
envisager   to envisage, conceive
envoyer   to send
épicier *m.*   grocer
épicerie *f.*   grocery store
époque *f.*   epoch, period
Équateur *m.*   Equator
équipe *f.*   team
équipement *m.*   equipment
équivalent(e)   equivalent
ère *f.*   era

Espagne *f.* Spain
espoir *m.* hope
esprit *m.* spirit, mentality
essence *f.* gasoline
est *m.* east
estivant *m.* summer vacationer
et and
établissement *m.* establishment,
　institution
étage *m.* floor; **au troisième étage**
　on the fourth floor
étant *see* **être**
état *m.* state; condition
États-Unis *m. pl.* the United States
été *m.* summer
étendre to extend
étendu(e) broad
étendue *f.* stretch
éternité *f.* eternity, ages
étonner to astonish
étranger *m.* foreigner; **à l'étranger**
　abroad
étranger (*f.* **étrangère**) foreign
être to be; **être en train de** to be
　in the process of (13.4)
étroit(e) narrow
étude *f.* study
étudiant *m.* (*f.* **étudiante**) student
étudier to study
Europe *f.* Europe
européen (*f.* **européenne**) European
événement *m.* event
Évian *famous mineral water from*
　Évian
évidemment evidently, obviously
évident(e) obvious
éviter de to spare; to avoid
exact(e) exact, right
exactement exactly
exactitude *f.* accuracy
exagération *f.* exaggeration
exagérer to exaggerate
examen *m.* examination
examiner to examine; **se faire**
　examiner to have a check-up
exception *f.* exception; **à quelques**
　exceptions près with a few
　exceptions (12.4)
exceptionnel (*f.* **exceptionnelle**)
　´ exceptional
excuser to excuse

exécutif (*f.* **exécutive**) executive
exécution *f.* execution, enforcement
exemplaire *m.* copy
exemple *m.* example; **par exemple**
　for example
exercice *m.* exercise
exiger to demand
exil *m.* exile
exister to exist
expansion *f.* expansion
expérience *f.* experience
explication *f.* explanation
expliquer to explain
explorateur *m.* explorer
expression *f.* expression, phrase
exprimer to express
extra terrific
extraordinaire unusual, unexpected

fabrique *f.* factory, mill
fabriquer to produce
facile easy
facilement easily
faciliter to facilitate
façon *f.* manner, way; **façon de**
　vivre way of life
faction *f.* faction
facture *f.* bill
faculté *f.* capability; **Faculté de**
　Médecine School of Medicine
faire to make, to do (7.6); **faire**
　bien de to do well to (9.5);
　cela fait trois mois that was
　three months ago
fait *m.* fact; **en fait** as a matter of
　fact (10.4); **tout à fait** com-
　pletely, quite
falloir to be necessary; **il faut** it is
　necessary (2.5); **il ne faut pas**
　one must not (11.4); **il me faut**
　I need (9.5)
familial(e) (of the) family
famille *f.* family; **en famille**
　family
farouche fierce
farouchement fiercely
fatigant(e) tiring
faudr- *see* **falloir** (9.6)
faut *see* **falloir**
fédéral(e) federal
féminin *m.* feminine (*gender*)
féministe feminist

femme *f.*   woman; wife; **femme d'intérieur**   homemaker
fenêtre *f.*   window
fer *m.*   iron; **chemin de fer** railroad
fer- *see* **faire** (9.6)
fermer   to close
fertile   fertile
fête *f.*   holiday; festivity
fier *(f.* **fière)**   proud
fille *f.*   daughter; girl; **jeune fille** girl
fils *m.*   son; **de père en fils**   from father to son
fin *f.*   end; **en fin de compte**   all things considered (9.5); **mettre fin**   to put an end
fin(e)   delicate
finalement   finally
financé(e)   financed
financier *(f.* **financière)**   financial
finesse *f.*   refined delicateness
finir   to finish
firme *f.*   firm
fleuve *m.*   river
flot *m.*   wave
flotter   to float
foie *m.*   liver
fois *f.*   time; **une fois (que)**   once
folklore *m.*   folklore
fonctionnaire *m.*   civil servant
fondé(e)   founded
fontaine *f.*   fountain
football *m.*   soccer
force *f.*   force
format *m.*   format
formation *f.*   formation; creation; training
forme *f.*   form
former   to form
formidable   terrific
fort(e)   strong; great **c'est trop fort** that's too much
four *m.*   oven
fourchette *f.*   fork
fournir   to furnish, provide
frais *m. pl.*   expense
franc *m.*   franc (*French monetary unit*)
français *m.*   French language
Français *m. (f.* **Française)**   French person

français(e)   French
francophone   French-speaking
franco-prussien *(f.* **franco-prussienne)** Franco-Prussian
freiner   to step on the brake
fréquent(e)   frequent
fréquenté(e)   popular
frère *m.*   brother
frigo *m. colloq.*   refrigerator
froid(e)   cold
fromage *m.*   cheese
frontière *f.*   frontier
fruit *m.*   fruit
futur *m.*   future

gagner   to earn; **gagner la vie**   to earn one's living (13.4)
Galles *f. pl.*   Wales
gallois *m.*   Welsh
garagiste *m.*   garage-owner
garder   to watch; to keep; **garder à jour**   to keep up to date (9.5)
gare *f.*   station
garçon *m.*   boy; waiter
gastronomie *f.*   food, gastronomy
gauche   left
général *m.*   general
en général   generally
genre *m.*   kind
gens *m. pl.*   people
géographie *f.*   geography
géographique   geographic(al)
gestion *f.*   management
gigantesque   gigantic
gigot *m.*   leg (of mutton)
glacé(e)   frozen
gloire *f.*   glory
gorgée *f.*   sip
gothique   Gothic
gousse *f.*   clove (of garlic)
goût *m.*   taste
goutte *f.*   drop; **goutte à goutte** drop by drop
gouvernant *m.*   leader
gouvernement *m.*   government
gouvernemental(e)   government(al)
gouverner   to govern
gouverneur *m.*   governor
grâce à   thanks to (1.6)
gramme *m.*   gram
grand(e)   large; great

grand-chose: pas grand-chose not much
grand-mère *f.* grandmother
grand-parent *m.* grandparent
grand-père *m.* grandfather
Grande Bretagne *f.* Great Britain
grandeur *f.* grandeur
grappe *f.* bunch
gratuit(e) free (of charge)
gris(e) gray
grossesse *f.* pregnancy
groupe *m.* group
gruyère *m.* gruyère (Swiss) cheese
guerre *f.* war
guide *m.* guide; guidebook
guidé(e) guided
gynécologie *f.* gynecology

habitant *m.* inhabitant
habiter to inhabit, to live
habitude *f.* habit; **d'habitude** usually (8.7)
habituel (*f.* **habituelle**) usual
s'habituer à to get used to (10.4)
haine *f.* hatred
haricot *m.* bean; **haricot vert** green bean
hasard *m.* **par hasard** by chance
haut(e) high; **à haute voix** aloud, loudly (8.7)
hebdomadaire *m.* weekly newspaper or magazine
héritage *m.* heritage
heure *f.* hour; o'clock; **à quelle heure** (at) what time; **à l'heure** on time (9.5); **à l'heure actuelle** right now; **de bonne heure** early (11.4)
heureusement fortunately
hexagone *m.* hexagon
histoire *f.* history; story
historique historic(al)
hiver *m.* winter
homme *m.* man; **homme d'affaires** businessman
honoraire *m.* fee
honnête honest, respectable
honneur *f.* honor
hop! there!
hôpital *m.* (*pl.* **hôpitaux**) hospital
hôte *m.* and *f.* guest
hôtel *m.* hotel

hôtelier (*f.* **hôtelière**) hotel
huile *f.* oil
huit eight; **huit jours** a week (7.5)
humain(e) human
humanité *f.* humanity
humiliation *f.* humiliation
humour *m.* humor
hygiène *f.* hygiene

idéal(e) ideal
idée *f.* idea
identifié(e) identified
ignorer to be ignorant of
il y a there is, there are (1.6) **il y a... que** it has been . . . since (10.4)
île *f.* isle, island
illimité(e) unlimited
illuminer to illuminate, to light
illusoire illusory
illustré *m.* illustrated magazine
illustré(e) illustrated
image *f.* image
imaginaire imaginary
immédiatement immediately
immeuble *m.* apartment building
imparfait *m.* imperfect
impératif *m.* imperative
impersonnel (*f.* **impersonnelle**) impersonal
s'implanter to be implanted
importance *f.* importance
important(e) important
importer to matter; **peu importe** it doesn't matter (8.7); **n'importe quel** any, no matter what (9.5)
imposant(e) impressive
imposer to impose; **s'imposer** to assert oneself, arise
impossible impossible
impression *f.* impression
impressionner to impress
imprimer to print
inattention *f.* absent-mindedness
inauguration *f.* inauguration
incapable incapable
incarner to incarnate, symbolize
inclu(e) included
inconvénient *m.* disadvantage
incorporé(e) incorporated
indéfini(e) indefinite
indéniable undeniable

indépendant(e) independent
indicatif *m.* indicative
indiquer to indicate, show
indiscret (*f.* **indiscrète**) indiscreet
indispensable indispensable
individu *m.* individual
Indochine *f.* Indochina
indulgence *f.* indulgence
industrie *f.* industry
industriel (*f.* **industrielle**) industrial
inévitable inevitable
infiniment infinitely, very much
infinitif *m.* infinitive
infirmière *f.* nurse
informatique *f.* data processing
informer to inform
initial(e) initial
injustice *f.* injustice
inscription *f.* registration
inscrire to write in; **s'inscrire à** to register, enroll in (6.5)
insignifiant(e) insignificant
insister to insist
inspiration *f.* inspiration
s'inspirer to be inspired
instant *m.* instant; **pour l'instant** for now
instaurer to establish
institution *f.* institution
intellectuel *m.* intellectual
intellectuel (*f.* **intellectuelle**) intellectual
intelligent(e) intelligent
intention *f.* intention; **avoir l'intention de** to intend (4.3)
intéressant(e) interesting
intérêt *m.* interest
intérieur *m.* interior; **à l'intérieur (de)** inside; **femme d'intérieur** homemaker
intérieur(e) interior; domestic
international(e) international
interrompre to interrupt
intime *m.* close friend
intolérable intolerable
introduit(e) introduced
inutile useless; **inutile de dire** needless to say
invitation *f.* invitation
invité *m.* (*f.* **invitée**) guest
ir- *see* **aller** (8.1)
Irlande *f.* Ireland
ironie *f.* irony

irrégulier (*f.* **irrégulière**) irregular
Italie *f.* Italy
jalousie *f.* jealousy
jamais ever; **ne... jamais** never
janvier *m.* January
jardin *m.* garden
jaune yellow; **le jaune d'œuf** egg yolk
jeter to throw
jeu *m.* (*pl.* **jeux**) game
jeudi *m.* Thursday
jeune young; **jeune fille** girl; **les jeunes** young people
joli(e) nice, pretty
joue *f.* cheek
jouer to play
jour *m.* day; **huit jours** a week (7.5); **quinze jours** two weeks (7.5); **garder à jour** to keep up to date (9.5); **de nos jours** nowadays; **tous les jours** everyday
journal *m.* (*pl.* **journaux**) newspaper
journaliste *m.* journalist
journée *f.* day
joyeux (*f.* **joyeuse**) joyous, gay
judiciaire judiciary
juger to judge, consider
juillet *m.* July
juin *m.* June
Jura *m.* Jura mountains
jusqu'à until; **jusqu'à ce que** until; **depuis... jusqu'à** from . . . to (11.4)
juste just; **tout juste** just right
justesse justness; **avec justesse** rightly so

kilo *m.* kilogram
kilomètre *m.* kilometer (1 km = 0.6 mile)
kiosque *m.* kiosk; **kiosque à journaux** newsstand
là there
-là (*with a dem. adj.*) that, those (14.3)
lacune *f.* gap, lacuna
lait *m.* milk
laitue *f.* lettuce
lancer to give
langage *m.* language
langue *f.* language
large broad, wide

largement widely, largely
latin(e) Latin
layette *f.* set of baby garments
lecteur *m.* reader
lecture *f.* reading
législatif (*f.* **législative**) legislative
légume *m.* vegetable
lendemain *m.* next day; following
   day
lentement slowly
lequel which one
lettre *f.* letter
leur their
se lever to get up (5.1)
lexique *m.* vocabulary, glossary
libération *f.* liberation
libre free; unoccupied; unrestricted
librement freely
lien *m.* tie
lieu *m.* place; **avoir lieu** to happen
   (9.5); **au lieu de** instead of
ligne *f.* line
linguistique linguistic; of languages
liquide *f.* liquid; **argent en liquide**
   cash
lire to read (11.5)
liste *f.* list
lit *m.* bed
litre *m.* liter; **le litre** per liter
littéraire literary
littérature *f.* literature
se livrer to devote oneself
livret *m.* booklet
local(e) local
localement locally
locatif (*f.* **locative**) locative
location *f.* rent(al)
locution *f.* expression, phrase
logement *m.* housing
loi *f.* law
loin far
Londres London
long (*f.* **longue**) long
longtemps long, a long time
longueur *f.* length
lors de at the time of (14.6)
lorsque when
louer to rent
Louisiane *f.* Louisiana
lourd(e) heavy
luminosité *f.* luminosity
lumière *f.* light; **la ville lumière**
   the city of light

lundi *m.* Monday
lutte *f.* struggle
lycée *m.* French secondary school

ma *see* **mon**
madame *f.* (*pl.* **mesdames**) Mrs;
   ma'am
mademoiselle *f.* (*pl.* **mesdemoiselles**)
   Miss
magasin *m.* store, shop
magnifique magnificent, terrific
mai *m.* May
main *f.* hand; **se serrer la main** to
   shake hands
maintenant now
mais but
maison *f.* house, home; **à la maison**
   at home
majestueux (*f.* **majestueuse**)
   majestic
majorité *f.* majority
malade sick; **tomber malade** to
   become sick
malgré in spite of
maman *f.* mother
Manche *f.* the (English) Channel
mangeant pres. part. of **manger; en**
   mangeant while (by) eating
manger to eat; **salle à manger**
   dining room
manière *f.* manner; **de manière**
   sérieuse in a serious manner,
   seriously
manquer (de) to lack
marché *m.* market; **bon marché**
   cheap(ly)
mardi *m.* Tuesday
marée *f.* tide; **marée noire** oil
   slick(s)
mari *m.* husband
mariage *m.* marriage
marié(e) married
maritime maritime
marqué(e) marked
marrant(e) a lot of fun
marre: en avoir marre to have had
   enough of (9.5)
mars *m.* March
masculin(e) masculine, male
masculin *m.* masculine gender
masse *f.* mass
massif *m.* massif

match *m.* game
matériel *m.* material
maternel (*f.* **maternelle**) maternal;
    école maternelle nursery school
maternelle *f.* nursery school
maternité *f.* maternity
mathématiques *f. pl.* mathematics
maths *f. pl.* math
matière *f.* subject matter
matin *m.* morning
mécontent(e) dissatisfied
médecin *m.* doctor
médecine *f.* medicine
médical(e) medical
médicament *m.* medicine
Méditerranée *f.* Mediterranean Sea
méditerranéen (*f.* **méditerranéenne**)
    Mediterranean
meilleur(e) better; **le (la) meilleur(e)**
    the best
mélange *m.* mixture
mélanger to mix
membre *m.* member
même even (14.5); **quand même**
    all the same (8.7)
même same (*adj., before a noun*)
    (14.5)
-même -self, -selves (14.5)
menace *f.* threat
menacé(e) threatened
mener to lead
mensuel (*f.* **mensuelle**) monthly
mer *f.* sea
mercredi *m.* Wednesday
mère *f.* mother
méridional(e) southern
mériter to deserve
merveilleux (*f.* **merveilleuse**)
    marvelous
mes *see* **mon**
message *m.* message
mesurer to measure
métier *m.* trade, work
métro *m.* subway
métropolitain(e) metropolitan;
    la France métropolitaine
    Continental France (*as opposed
    to overseas*)
mettre to put; to put on; **se mettre
    à table** to sit down at the
    table; **mettre fin à** to put an
    end to

meuble *m.* furniture
meublé(e) furnished
meurtrier (*f.* **meurtrière**) murderous
micro *m.* microphone
midi *m.* noon
Midi *m.* the south of France
mi-juin *m.* mid-June
militaire military
militaire *m.* soldier
mille thousand
millier *m.* thousand
million *m.* million
minimum *m.* minimum
ministère *m.* ministry
ministre *m.* minister; **premier
    ministre** premier, prime
    minister
minuit *m.* midnight
minuscule tiny
miroir *m.* mirror
mis *see* **mettre**
missionnaire *m.* missionary
mixte coeducational
mobilisé drafted
mode *m.* mood, mode; **mode de vie**
    way of life
mode *f.* fashion
modèle *m.* model
moderne moderne
modeste modest
moins (de) less (8.3); **au moins** at
    least
mois *m.* month; **par mois** per
    month; **au mois de** in the
    month of
moment *m.* time; moment
mon (*f.* **ma,** *pl.* **mes**) my
monarchie *f.* monarchy
mondain(e) trivial
monde *m.* world; **tout le monde**
    everyone (5.4)
mondial(e) world, worldwide
moniteur *m.* instructor
monokini *m.* topless bathing suit
monotone monotonous
monsieur *m.* (*pl.* **messieurs**) Mr.; sir
montagne *f.* mountain
montant *m.* amount
montée *f.* climb, increase
monter to go up; to get on
monument *m.* monument
se moquer de to make fun of (5.4)

moqueur (*f.* moqueuse) mocking
moralement morally
morceau *m.* (*pl.* morceaux) morsel, piece
mort *f.* death
morue *f.* cod
mot *m.* word
moto *f.* motorcycle
mou (*f.* molle) soft
moutarde *f.* mustard
mouvement *m.* movement
moyen *m.* means, way
moyen (*f.* moyenne) middle, average; Moyen Age Middle Ages
multinational(e) multinational
musée *m.* museum
musique *f.* music
mythe *m.* myth

naissance *f.* birth
national(e) national
nationalité *f.* nationality
nature *f.* nature
naturel (*f.* naturelle) natural
naturellement naturally
navigable navigable
navigation *f.* navigation
nécessaire necessary
négocier to negotiate
neige *f.* snow
n'est-ce pas? isn't it so? (13.4)
ni: ne... ni... ni neither . . . nor . . . (11.1)
niveau *m.* level
Noël *m.* Christmas
noir(e) black
nom *m.* name; noun
nombre *m.* number
nombreux (*f.* nombreuse) numerous
nommer to nominate, to name
non no; not
nord *m.* north
nord-est *m.* northeast
nord-ouest *m.* northwest
nos *see* notre
note *f.* grade
notre (*pl.* nos) our
nourrir to feed
nourriture *f.* food
nouveau (*f.* nouvelle) new
nouveau-né *m.* newborn baby

novembre *m.* November
se noyer to drown
nuit *f.* night; la nuit at night

obéir (à) to obey
obéissance *f.* obedience
obélisque *m.* obelisk
objet *m.* object
obligé(e) obligated
obliger to oblige, force
obtenir to obtain
obtenu *see* obtenir
occidental western
occupation *f.* occupation
occupé(e) busy; occupied
occuper to occupy; s'occuper de to take care of (12.4)
océan *m.* ocean
octobre *m.* October
œuf *m.* egg; le jaune d'œuf egg yoke
office *m.* office
officiel (*f.* officielle) official
offre *see* offrir
offrir to offer
on one; we; they
opérer to operate
opinion *f.* opinion
opposition *f.* opposition
option *f.* option
ordinal(e) ordinal
ordonnance *f.* prescription
ordre *m.* order
organe *m.* organ
organiser to plan, organize
origine *f.* origin
oser to dare
ou or
où where; le moment où the time when
oublier to forget
ouf! phew! (*expression of relief*)
outre-mer overseas
ouvrier *m.* worker
s'ouvrir to open

page *f.* page
paisible peaceful
paix *f.* peace
palais *m.* palace
Pâques *f. pl.* Easter

par by (1.5); through; **par an** per
    year
paragraphe *m.* paragraph
parc *m.* park
parce que because (5.4)
parcourir to run, to cover
parcours *m.* trip
paraître to appear (10.5)
pardon *m.* pardon; excuse me
parent *m.* parent; relative
parfois sometimes
parisien (*f.* **parisienne**) Parisian; of
    Paris
parlement *m.* parliament
parler to speak; **sans parler de** let
    alone, not to mention (14.6);
    entendre parler de to hear
    about (12.4)
parmi among
part *f.* part; **pour ma part** as far
    as I'm concerned
partenaire *m.* partner
parti *m.* party
participe *m.* participle
participer to participate
particulièrement particularly
partie *f.* part; **en partie** in part,
    partly (3.3); **en grande partie**
    for the most part
partir to leave (7.6); **à partir de**
    beginning, from (6.4)
partout everywhere
paru appeared; published
pas *m.* step
pas: ne... pas not; **pas du tout** not
    at all (4.3)
passé *m.* past
passeport *m.* passport
passer to spend; to pass
passif (*f.* **passive**) passive
se passionner pour to be
    enthusiastic about
pâté *m.* pâté
pâte *f.* paste
paternaliste paternalistic
patience *f.* patience
pâtissier *m.* pastry maker
pâtisserie *f.* bakery
patois *m.* patois, dialect
patrie *f.* fatherland, country
pauvre poor
pavillon *m.* pavilion

payer to pay (for)
pays *m.* country; region
en P.C.V. (call) collect
péage *m.* toll
pêcher to fish
pêcheur *m.* fisherman
peine *f.* difficulty; misery; affliction;
    à peine hardly (14.6)
peintre *m.* painter
pendant during (1.5); **pendant que**
    while (5.4)
pensée *f.* thought
penser (**à**) to think (of); **penses-tu!**
    of course not!
Pentecôte *f.* Pentecost
perdre to lose; **se perdre** to get
    lost
perdu(e) lost
père *m.* father; **de père en fils**
    from father to son
période *f.* period
permettre to allow; **permettez-moi**
    de vous demander may I ask
    you (4.3); **je me permets** may I
personnage *m.* person
personnalité *f.* personality
personne *f.* person; **ne... personne**
    no one (11.1)
personnel (*f.* **personnelle**) personal
perspective *f.* perspective,
    panoramic view
perte *f.* loss
pétillant(e) sparkling
petit(e) small; **les petits** the small
    children
peu (de) little, few (8.3, 9.3);
    hardly (10.2); **un peu (de)** a
    little; **à peu près** approximately
    (6.4); **peu importe** it doesn't
    matter (8.7)
peuple *m.* people
peut *see* **pouvoir**
peut-être perhaps, maybe (9.5)
pharmacie *f.* pharmacy
pharmacien *m.* pharmacist
philosophie *f.* philosophy
philosophique philosophical
photo *f.* photo
phrase *f.* sentence
physique *f.* physics
physique physical
physiquement physically

pièce *f.* room
pied *m.* foot; **aller à pied** to go
  on foot (3.3)
piéton *m.* pedestrian
pincée *f.* pinch
piquant(e) biting, sharp
pire worse; **pire même** even worse
pitié *f.* pity
pittoresque picturesque, colorful
placard *m.* closet
place *f.* place; square (*of a city*);
  space, room; position; **sur place**
  right away
placement *m.* investment
plafond *m.* ceiling
plage *f.* beach
plaindre to pity (12.5); **se plaindre
  de** to complain about; **ne pas
  avoir de quoi se plaindre** to
  have nothing to complain about
  (12.4)
plaine *f.* plain
plaire (à) to please; **s'il vous plaît**
  please (12.4)
plaisir *m.* pleasure
plan *m.* plan, project
planté(e) planted
plat *m.* dish; plate
plat(e) flat
plateau *m.* plateau
plein air *m.* outdoors (*gym*)
plein(e) full
plu *see* plaire
pluie *f.* rain
plupart *f.* most
pluriel *m.* plural
plus more (8.3); **plus... que** more
  . . . than (1.1); **ne... plus** no
  longer (13.4); **de plus**
  furthermore; **en plus de** in
  addition to (15.3); **de plus en
  plus** more and more (15.3)
plusieurs several
plutôt rather
pluvieux (*f.* pluvieuse) rainy
poète *m.* poet
point *m.* point; **à tous les points de
  vue** from every viewpoint
  (3.3); **à quel point** how much;
  à tel point que to such an
  extent that
pointe *f.* tip

poire *f.* pear
poisson *m.* fish
poivre *m.* pepper
pôle *m.* pole
politique *f.* policy; politics
politique political
pomme *f.* apple; **pomme de terre**
  potato
pont *m.* bridge; **faire le pont** to
  take a long weekend (7.5)
population *f.* population
porte-fenêtre *f.* French window
porte-monnaie *m.* purse
porte-parole *m.* spokesman
porter to carry, to bring; to wear;
  porter un rude coup to be a
  heavy blow
poser to ask; to put (forward)
position *f.* position
posséder to possess
possibilité *f.* possibility
possible possible
postal(e) postal; **carte postale**
  postcard
poste *m.* position
potin *m.* (*piece of*) gossip
pour for (1.5); **pour + inf.** in
  order to (2.5); **pour cent**
  percent
pourquoi why
pourr- *see* pouvoir (8.1)
pourtant however; **et pourtant**
  and yet
pouvoir *m.* power; **au pouvoir** in
  power, control
pouvoir to be able, can (6.5)
pratique practical
précieux (*f.* précieuse) precious,
  priceless
précisément precisely
préciser to make precise
se précipiter to rush
préférer to prefer
préféré(e) favorite
préfet *m.* prefect
préliminaire preliminary
premier (*f.* première) first; **premier
  ministre** premier, prime
  minister
première *f.* first class; next to the
  last year in a *lycée*
premièrement first

prénatal(e)   prenatal
prendre   to take (4.4); **prendre une décision**   to make a decision (2.5)
prennent   *see* **prendre**
prénom *m.*   first name
préparation *f.*   preparation
préparer   to prepare; to cook
près (de)   near; nearly; **à peu près** approximately (6.4); **à quelques exceptions près**   with a few exceptions (12.4)
prescrire   to prescribe
prescrit(e)   prescribed, required
présence *f.*   presence
présent *m.*   present; **à présent**   now (3.3)
présentation *f.*   presentation
présenter   to present; to introduce **se présenter**   to apply
président *m.*   president
presque   almost
presqu'île *f.*   peninsula
presse *f.*   press
pressé(e)   in a hurry
prestige *m.*   prestige
prêt(e)   ready
prétendu(e)   supposed
preuve *f.*   proof; **faire preuve**   to give evidence
prévenir   to warn
prévision *f.*   prediction
prévu(e)   planned
prié(e)   asked; **vous êtes prié de** please
prime *f.*   benefit
primeur *m.*   produce merchant
principal(e)   main
principe *m.*   principle; **en principe** as a rule
priorité *f.*   right of way
prise *f.*   taking; **prise de position** determination of attitude
privé(e)   private
probablement   probably
problème *m.*   problem
production *f.*   production
produire   to produce (5.5)
produit *m.*   product
prof *m.*   teacher
professeur *m.*   professor, teacher
profession *f.*   profession

profiter   to take advantage (7.5)
profond(e)   deep, profound
profondément   deeply
programme *m.*   program
pronom *m.*   pronoun
pronominal(e)   pronominal
à propos   appropriate; by the way
proposition *f.*   clause; proposition
propre   own (*before a noun*); **nom propre**   proper noun
propriétaire *m.*   owner
protection *f.*   protection
protéger   to protect
prouver   to prove
provençal(e)   of Provence
Provence *f.*   Provence (*one of the provinces in the south of France*)
provincial *m.* (*pl.* **provinciaux**) person living outside the Paris region
province *f.*   province
provision *f.*   supply; **sac de provisions**   shopping bag
pu   *see* **pouvoir**
public (*f.* **publique**)   public
publicité *f.*   public
publicité *f.*   advertising
publier   to publish
puis   then
puissance *f.*   power
Pyrénées *f. pl.*   the Pyrenees

quand   when; **quand même**   all the same (8.7)
quant à   as to (11.4)
quart *m.*   quarter
quartier *m.*   quarter (*area of a city*)
que   that (*conjunction*); **ne... que** only (12.2); **que... ou non** whether . . . or not (15.3)
que   which, whom (*rel. pron.*) (14.1)
quel (*f.* **quelle**)   what, which
quelque chose   something
quelques   a few
quelqu'un   someone
question *f.*   question
qui   (*rel. pron.*) who, which (2.3)
quinze   fifteen; **quinze jours**   two weeks (7.5)
quitter   to leave
quotidien *m.*   daily newspaper

quotidien (*f.* **quotidienne**) daily

racine *f.* root
raconter to tell
radio *f.* radio
raffinement *m.* refinement
raisin *m.* grapes
raison *f.* reason
ralentir to slow down
rapide fast, rapid
rappeler to remind
rapport *m.* relationship
se rapporter to refer to
rareté *f.* rarety, rareness
ratifier to ratify
se rattraper en (dans) to catch up
  with (7.5)
ravalé(e) resurfaced, facelifted
se réaliser to come about
rebelle rebellious
récemment recently
récent(e) recent
recevoir to receive (12.5)
recherche *f.* research
récit *m.* narrative, narration
réclame *f.* advertisement
reçoivent *see* **recevoir**
recours *m.* recourse
rédaction *f.* editorial staff
rédactrice *f.* editor (female)
réduit(e) reduced
réfléchi(e) reflexive
réfléchir to reflect, to think over
refléter to reflect
réfrigérateur *m.* refrigerator
refuser to refuse
regard *m.* look; eye
regarder to look (at)
région *f.* region, area
régional(e) regional
règlement *m.* regulation, rule
régner to reign
regretter to regret
régulier (*f.* **régulière**) regular
régulièrement regularly
rejoindre to join
relatif (*f.* **relative**) relative
relativement relatively
se relaxer to relax
religion *f.* religion
remarquer to note, notice
rembourser to reimburse

remercier to thank
remonte-pente *m.* ski lift
remplacement *m.* replacement
remplacer to replace
remplir fill out (6.3)
rencontrer to meet (*by chance*)
rendre to return (7.1); **se rendre
  compte** to realize (7.5); **rendre
  visite (à)** to visit (14.6)
renseignements *m. pl.* information
renseigner to inform
rentrée *f.* beginning of school
rentrer to get home
renverser to overturn
repartir to leave again
repas *m.* meal
répondre to answer
repos *m.* rest
reprendre to take up (again)
représenter to represent
république *f.* republic
réseau *m.* (*pl.* **réseaux**) network
réserver to reserve
résidence *f.* residence
résider to reside
résistance *f.* resistence
résoudre to resolve
respectabilité *f.* respectability
responsabilité *f.* responsibility
responsable responsible
ressembler (à) to resemble, look like
ressource *f.* ressource
restaurant *m.* restaurant
restauré(e) restored
reste *m.* rest, remainder
rester to remain
résultat *m.* result
rétablir to reestablish
retenir to retain
retourner to go back
retrouver to meet (*by arrangement*)
réunir to gather; **se réunir** to
  meet, to get together (3.4)
réussir to succeed
revanche *f.* revenge
révélation *f.* revelation
revenir to come back; **revenir cher**
  to add up to a lot
revenu *m.* revenue, income
revoir to see again; **au revoir**
  good-bye
révolution *f.* revolution

revue *f.* review, magazine
Rhin *m.* the Rhine River
riche rich
richesse *f.* richness
rien nothing; **ne... rien** nothing
rigoureux (*f.* **rigoureuse**) rigorous,
severe
rive *f.* bank
robinet *m.* faucet
roc *m.* rock
rocher *m.* rock
roi *m.* king
rôle *m.* role, part; **à tour de rôle**
by turns
romain(e) Roman
romancier *m.* novelist
rond(e) round
rosé *m.* rosé (*wine*)
rouge red
rougir to become red; to blush
route *f.* road
routier (*f.* **routière**) of roads
royal(e) royal
rude rough; **porter un rude coup**
to be a heavy blow
rue *f.* street

sa *see* **son**
sabotage *m.* sabotage
sac *m.* bag; **sac de provision**
shopping bag
saison *f.* season
salade *f.* salad
salaire *m.* salary
salarié(e) salaried, wage-earning
saluer to greet
salle *f.* room, hall; **salle de bains**
bathroom; **salle à manger**
dining room
salon *m.* living room
samedi *m.* Saturday
sanglant(e) bloody
sans without; **sans blague?** no
kidding?; **sans parler de** not to
mention (14.6)
santé *f.* health
satire *f.* satire
sauce *f.* sauce, gravy; salad dressing
sauf except
sauver to save
savoir to know (7.6) **savoir + inf.**
to know how to do (7.5)

scandale *m.* scandal
scène *f.* scene; **entrer en scène** to
come on the scene
science *f.* science
scolaire scholastic, academic
scrupuleux (*f.* **scrupuleuse**)
scrupulous
sculpture *f.* sculpture
sec (*f.* **sèche**) dry
secondaire secondary
seconde *f.* second class
secrétaire *f.* secretary; **secrétaire de
direction** executive secretary
secteur *m.* field, area
section *f.* section
sécurité *f.* security
sel *m.* salt
selon according to
semaine *f.* week
semblable similar
sembler to seem; **il me semble (que)**
it seems to me (that)
sénat *m.* senate
senateur *m.* senator
sens *m.* sense, meaning
se sentir to feel
séparation *f.* separation
séparer to separate
septembre *m.* September
ser- *see* **être** (8.1)
série *f.* series
sérieusement seriously
sérieux (*f.* **serieuse**) serious
serrer to squeeze; **se serrer la main**
to shake hands
servent *see* **servir**
service *m.* service
servir to serve (3.4); **servir de** to
serve as, to be used as (3.3)
ses *see* **son**
seul(e) only; alone
seulement only; **non seulement**
not only
sexe *m.* sex
si yes (*to a negative question or
statement*) (14.4;) so, such (8.7,
9.2, 14.4); **mais si** why, yes
si if (*conjunction*) (14.4)
siècle *m.* century
siège *m.* seat
sieste *f.* nap; **faire la sieste** to take
a nap

silhouette *f.* silhouette
simple simple
simplement simply
simpliste simplistic
simultané(e) simultaneous
singulier *m.* singular
sinon if not, otherwise
sinueux (*f.* **sinueuse)** full of curves and turns
situation *f.* situation
situé(e) situated, located
ski *m.* ski; **faire du ski** to ski (7.5)
skier to ski (7.5)
snobisme *m.* snobbery
social(e) social
société *f.* society
sœur *f.* sister
soi oneself; **chacun pour soi** each man for himself
soin *m.* care
soir *m.* evening; **le soir** in the evening
soit... soit... either ... or ... (12.4)
soixante sixty; **les années soixante** in the sixties (15.4)
sol *m.* soil, earth
soldat *m.* soldier
soleil *m.* sun
solution *f.* solution
sommaire summary, brief
somme *f.* sum, amount; **en somme** on the whole
somptueux (*f.* **somptueuse)** sumptuous
son *m.* sound
son (*f.* **sa,** *pl.* **ses)** his, her, its
Sorbonne *f.* University of Paris
sorte *f.* kind; **quelle sorte de** what kind of; **toutes sortes de** all sorts of
sortie *f.* exit; closing; graduation
sortir to go out, come out (5.5)
souci *m.* concern, care
soudainement suddenly
souhaiter to wish
soupe *f.* soup
source *f.* spring, fountain
sous under
souvenir *m.* souvenir
se souvenir de to remember (9.5)
souvent often
souviendr- *see* **se souvenir** (9.6)

spécialité *f.* specialty
spectacle *m.* show, display
splendeur *f.* splendor
splendide splendid
sport *m.* sport
stabilité *f.* stability
station *f.* station; **station de ski** ski resort
statue *f.* statue
statut *m.* status
studio *m.* studio
structure *f.* structure
style *m.* style
subjugation *f.* subjugation
se succéder to follow one another
sud *m.* south
sud-est *m.* southeast
sud-ouest *m.* southwest
suffire to suffice (12.5); **il suffit de** all one has to do is (10.4)
suffisamment (de) enough (13.4)
suffrage *m.* suffrage
suggérer to suggest
se suicider to commit suicide
Suisse *f.* Switzerland
suite *f.* continuation; **tout de suite** immediately (11.4)
suivant(e) following
suivi(e) followed
suivre to follow (10.5); **suivre un cours** to take a course; **à suivre** to be continued
sujet *m.* subject; **au sujet de** concerning (13.4)
summum *m.* height
superficie *f.* surface
supériorité *f.* superiority
superlatif *m.* superlative
supermarché *m.* supermarket
superstition *f.* superstition
supplément *m.* extra charge, supplement
supplémentaire supplementary
supposer to suppose, imagine
sur on (1.5); out of (15.3); **un sur deux** one out of two
sûr(e) sure; **bien sûr** of course
sûrement surely
surnommé known as
surpris(e) surprised
surprise *f.* surprise
surtout above all, especially

survoler fly over
susciter to rouse, give rise to
symbole *m.* symbol
sympa *colloq.* friendly
sympathique friendly
systématiquement systematically
système *m.* system

ta *see* **ton**
table *f.* table
tableau *m.* (*pl.* **tableaux**) painting
tâcher to try
tandis que whereas (11.4)
tant so much. so many (9.3); to
such a degree; **en tant que** as
(12.4); **tant que** as long
as (13.4)
tard late; **plus tard** later; **tôt ou
tard** sooner or later (12.4)
tarif *m.* rate
tarte *f.* pie
tel (*f.* **telle**) such; **tel que** such
as (11.4); **à tel point que** to
such an extent that
téléphoner to telephone
téléspectatrice *f.* female T.V. viewer
télévision *f.* television
tellement so, so much
température *f.* temperature
tempéré(e) temperate
temporairement temporarily
temps *m.* time; (*verb*) tense; **de
temps en temps** from time to
time (11.4); **emploi du temps**
schedule
tendance *f.* tendency
tendre tender
tenir to hold, to keep, to have
(own); **tenir à** to insist, to be
anxious (to do); to value, prize
(10.4)
tentant(e) tempting
terme *m.* term, expression; end
terminaison *f.* ending
terminal(e) final
terminer to terminate, finish; **se
terminer** to be over
terrasse *f.* terrace
terre *f.* land; **pomme de terre**
potato
terrestre terrestrial
territoire *m.* territory

tes *see* **ton**
tête *f.* head
texte *m.* text
théâtre *m.* theater
thon *m.* tuna
tiède lukewarm
tiens! well!
tirage *m.* printing
tirer to draw; to publish
titre *m.* title
toilettes *f. pl.* toilet
toit *m.* roof
tombeau *m.* (*pl.* **tombeaux**) grave
tomber to fall (on); **tomber malade**
to become sick
ton (*f.* **ta**, *pl.* **tes**) your
tonique stressed
tôt early; **tôt ou tard** sooner or
later (12.4)
total(e) total
totalement totally
toucher to concern, to affect
toujours always; still
tour *m.* turn; **à tour de rôle** by
turns (10.4); **faire le tour** to
go around (10.4)
tour *f.* tower
touriste *m.* and *f.* tourist
touristique (*adj.*) tourist
se tourner to turn
Toussaint *m.* All Saints Day
tout (*f.* **toute**, *pl.* **tous, toutes**) all,
whole (3.2) very (12.1); **tout le
monde** everyone (5.4); **tout de
suite** right away (11.4); **tout à
fait** completely, quite (13.4)
tout *m.* all, everything; **le tout** the
whole thing
traditionnel (*f.* **traditionnelle**)
traditional
tragique tragic
train *m.* train; **être en train de** to
be in the process of (13.4)
traité *m.* treaty
traiter de to deal with
trajet *m.* journey, trip
transformer to transform
transport *m.* transportation
travail (*pl.* **travaux**) work; **travaux
pratiques** laboratory work
travailler to work (4.1)
à travers across, throughout

traverser to cross
tremper to soak
très very
trésor *m.* treasury; treasure
trimestre *m.* semester
trogne *f.* face
troisième third; **au troisième (étage)**
   on the fourth floor (10.4)
troisièmement third(ly)
trompeur (*f.* **trompeuse**) deceptive
trop (de) too much (8.3)
trottoir *m.* sidewalk
trouver to find; **se trouver** to be
   found
tué(e) killed
tumultueux (*f.* **tumultueuse**) stormy
turc (*f.* **turque**) Turkish
Turquie *f.* Turkey

union *f.* union
unique sole
uniquement solely, only
universel (*f.* **universelle**) universal
université *f.* university
utiliser to use, to utilize

va *see* **aller**
vacances *f. pl.* vacation
vache *f.* cow
vaincu(e) defeated
vainqueur *m.* victor
vais *see* **aller**
valeur *f.* value
vallée *f.* valley
se vanter to boast
varier to vary
variété *f.* variety
vaste vast
vendange *f.* vine-harvest
vendeur *m.* seller, salesman
vendre to sell
vendredi *m.* Friday
venir to come (5.5); **venir de + inf.**
   to have just done (6.4, 7.5)
vente *f.* sale
verbe *m.* verb
verr- *see* **voir** (8.1)
vers toward (1.5); **vers une heure**
   about one o'clock
verser to pour; to pay, deposit
   (money)
vert(e) green

vêtement *m.* clothes
veuillez (please) do (12.4)
veulent *see* **vouloir**
viande *f.* meat
victoire *f.* victory
vie *f.* life; **coût de la vie** cost of
   living; **être en vie** to be alive;
   mode de vie way of life
vieillesse *f.* old age
viennent *see* **venir**
vient *see* **venir**
vieux (*f.* **vieille**) old
vif (*f.* **vive**) lively, animated
vigneron *m.* vine-grower
vignoble *m.* vineyard
village *m.* village
ville *f.* city, town
vin *m.* wine
vinaigre *m.* vinegar
vinaigrette *f.* oil and vinegar
   (dressing)
vingtaine *f.* about twenty
vis-à-vis de toward, about (15.3)
viser to aim
visite *f.* visit; **rendre visite (à)** to
   visit (14.6)
visiter to visit
visiteur *m.* visitor
vite quickly; **pas si vite** not so fast
vivant(e) living; modern
vivent *see* **vivre**
vivre to live (13.5); **façon de vivre**
   way of life; **vivent...!** hurray
   for . . . !
vocabulaire *m.* vocabulary
voilà here is (are); there is (are);
   me voilà here I am
voir to see (5.5)
voisin *m.* neighbor
voiture *f.* car
voix *f.* voice; **à haute voix** aloud
   (8.7)
vol *m.* flight
vos *see* **votre**
vote *f.* vote
voter to vote
votre (*pl.* **vos**) your
voudr- *see* **vouloir** (8.1)
vouloir to want (6.5); **vouloir dire**
   to mean (11.4)
vous-même yourself
voyage *m.* trip

voyager to travel
voyageur *m.* traveler
voyelle *f.* vowel
voyons let me (us) see; come now
vrai(e) true; **à vrai dire** to tell the truth (7.5); **c'est-à-dire** that is (to say)
vraiment truly, really
vue *f.* view; **à tous les points de vue** from every viewpoint (3.3)

W. C. *m. pl.* toilet

y there (8.2)
yeux *m. pl.* eyes; **aux yeux** in the eyes

zigzaguer to go zigzag
zut! shucks!